엘레우시스 미스테리아

고대 그리스 비밀 종교의식

엘레우시스 미스테리아

고대 그리스 비밀 종교의식

김효진 지음

씨아이알

들어가며

'그리스'하면 가장 먼저 떠오르는 것을 묻는다면 다양한 대답이 나오겠지만, 일반적이고 많은 답은 그리스 신화가 아닐까. 그리스 신화는 기원전 그리스 사람들이 자신들의 종교와 관련하여 지어낸 이야기이다. 그럼에도 지금까지 영향을 미치고 있다. 심지어 그리스와는 멀리 떨어져 있는 우리나라에도 그 영향력이 엄청나다고 할 수 있을 것이다.

초·중·고생들의 필독서에 그리스 신화는 반드시 포함되어 있으며, 생활 전반에도 그리스 신화를 담고 있는 것이 많다. 상품명이 대표적인데, 나이키, 박카스, 헤라 등이 그것이다. 나이키는 아테나 여신의 부속신이자 승리의 여신이었던 니케에서, 바카스는 디오니소스(바쿠스)에서, 헤라는 결혼의 여신이었던 헤라에서 유래했다고 할 수 있다. 이렇듯 그리스 신화는 기원전에 만들어진, 어쩌면 시간과 공간상으로 멀리 떨어진 이야기에 불과할 수도 있지만, 우리 가까이에서 살아 숨 쉬는 이야기일 수도 있다.

그렇다면 그리스 신화가 오랜 시간 사람들에게 사랑받을 수 있었던 이유는 무엇일까? 그리스 신화는 인간적이라고 이야기한다. 그리스 신화에 등장하는 신들은 우리가 흔히 알고 있는 전지전능한 신도 아니며, 자비로운 신도 아니다. 그리스 신들은 인간과 같은 마음을 가지고 있으며, 인간과 같은 형상을 하고 있는 것으로 그려진다. 그래서 그런지 사람들은 그리스 신에 자신들의 욕망을 투영하고 자신의 욕구를 충족시키고자 했던 것으로 보인다. 왜냐하면 그리스 신들은 항상 옳은 일만 행하지도 않으며 옳은 사람들만 지지하지도 않기 때문이다.

그러한 이유 때문인지 그리스 종교는 매우 현세적인 특성을 가지고 있다. 당장 현실을 살아가는 사람들이 자신들이 원하는 바를 신에게 빌고 관련이 있는 신을 모셨다. 대표적으로 전령의 신 헤르메스는 도둑들의 수호신으로 알려져 있는데, 도망을 잘 다녀야 했던 도둑들이 소식을 전하기 위해 빠른 속도로 움직이는 헤르메스를 본인들의 수호신으로 모셨다고 한다. 이렇듯 그리스 종교에서는 자신들의 필요에 의해서 신을 모시는 모습을 볼 수 있다.

한편 고대에는 종교가 단순히 믿음을 위한 것만은 아니었다. 종교는 정치와 매우 밀접한 관계를 가지고 있었기 때문에, 국가가 정치적 목적을 가지고 종교를 이용하기도 하고, 종교가 정치와 사회에 영향을 미치기도 했다. 고대 그리스 종교 역시 정치와 밀접하게 연관되어 있었으며, 종교 의식은 폴리스에 의해 관장되었다. 폴리스를 중심으로 이루어진 종교의식은 폴리스의 번영과 안녕을 위해 필수적인 것으로, 다분히 공동체적인 성격을 가지고 있었다.

이러한 상황에서 민중은 개인적인 종교에 대한 욕구와 내세에 대한 두려움을 극복하기 위해 비공식적인 종교의식이었던 비밀 의식에 참여하고자 했다. 고대 그리스에서 널리 알려진 대표적인 비밀 의식으로는 디오니소스 미스테리아, 오르페우스 미스테리아, 엘레우시스 미스테리아 등이 있다. 디오니소스 미스테리아는 와인과 관련된 광란적인 종교의식으로 죽음과 환생의 주제를 가지고 있던 것으로 보인다. 오르페우스 미스테리아는 오르페우스교라고도 불렸는데, 오르페우스가 신의 계시에 의해 만들었다고 알려져 있다. 이는 기원전 7세기경 트라키아의 디오니소스 숭배에서 파생된 것으로 보인다. 디오니소스 미스테리아와 오르페우스 미스테리아는 일반적으로 개인 종교 특성을 강하게 갖고 있었으며, 폴리스로부터 탄압을 받기도 했다.

그러나 엘레우시스 미스테리아Eleusinian Misteries는 내세관을 갖고 있던 의식으로, 개인 종교적 특성을 지닐 뿐만 아니라 폴리스의 주도 아래 치러졌던 지역 의례였으며 공식적이면서도 가장 중요한 의식 중 하나였다. 아테네가 엘레우시스를 복속한 다음에는 아테네의 적극적 주도 아래 전 그리스의 대표적인 종교 행사로 더욱 강화, 발전하게 되었다. 이러한 면에서, 엘레우시스 미스테리아는 공식적인 종교와 개인적 종교라는 두 가지 측면을 모두 충족시킨 의식이었으며, 고대 그리스 종교 가운데 매우 특별한 위치를 갖고 있었다고 할 수 있다.

미스테리아가 행해졌던 엘레우시스Eleusis는 아테네에서 북서쪽으로 약 20km 정도 떨어진 지역으로 트리아시오 평야의 남서쪽, 현재 엘레우시스만 근처에 위치했다. 이 지역은 스파르타가 위치하고 있던 펠로폰네소스반도와 테베가 있었던 보이오티아로 가기 위해서 반드시 거쳐야 하는 요충지였으므로, 주변의 여러 폴리스가 관심을 가질 수밖에 없었으며, 아테네는 특히 그러했다. 아테네가 엘레우시스를 언제 처음 복속하게 되었는지는 명확하지 않다. 기원전 5세기 역사가 헤로도토스, 기원전 5세기 비극 작가 에우리피데스, 기원후 2세기 지리학자였던 파우사니아스 등의 기록에 의하면, 아테네가 엘레우시스를 장악하기 시작한 것은 기원전 7세기 이전부터였던 것으로 보인다. 기원전 632년경 아테네에서 킬론의 반란이 발생했던 시기에 엘레우시스가 아테네로부터 잠시 독립했다는 기록이 있기 때문이다. 기원전 6세기경 솔론이 아테네에서 영향력을 행사하던 시기에 엘레우시스는 아테네로 다시 통합되었다가, 클레이스테네스의 개혁 즈음에는 아테네로 완전히 편입된 것으로 보인다. 그가 기존 4부족을 10부족으로 개편했을 때, 엘레우시스 지역은 히포톤티스 부족으로 편입되었기 때문이다.[1]

엘레우시스 지역이 아테네로 편입되면서, 엘레우시스 지역에서 행해졌던 다양한 종교의식과 축제들도 자연스럽게 아테네의 영향력 아래에 놓이게 되었다. 엘레우시스 미스테리아의 기원은 엘레우시스 왕가를 중심으로 거행되던 가문 의식이었다가, 점차 엘레우시스 지역을 대표하는 종교 행사로 발전한 것으로 보인다. 이후 지역 의례였던 엘레우시스 미스테리아가 범그리스적인 의식으로 발전하게 되는데, 그 계기는 엘레우시스가 아테네로 편입되면서부터라고 할 수 있다.[2] 그런데 엘레우시스 미스테리아가 그리스 전역에서 중요한 종교의식으로 발전했음에도 불구하고, 그에 관한 기록은 많이 남아있지 않다. 특히 입교 의례에 관해서는 비밀 엄수의 규칙이 있었기 때문에, 이 의례에서 관해 언급하는 것은 금지되어 있었고 이를 지키지 않는 것은 신성 모독죄로 다스려졌다고 한다.

이 책에서는 공동체와 개인을 위한 종교로 매우 독특한 위치를 점하고 있었으며 비밀스러운 측면을 다분히 갖고 있는 엘레우시스 미스테리아에 대해 소개해보고자 한다. 이를 통해 고대 그리스 사회의 한 단면을 알 수 있을 것이며, 우리가 일반적으로 알고 있는 고대 그리스의 신과 영웅들의 또 다른 면모도 살펴볼 수 있는 기회가 마련되었으면 하는 바람이다.

차 례

제1장

그리스 종교와 엘레우시스 미스테리아

제1장

그리스 종교와 엘레우시스 미스테리아

그리스 종교의 특징과 의례

고대 그리스인들은 우주가 크고 작은 신들, 너그럽거나 두려운 신들로 가득 차 있었다고 믿었기 때문에, 그리스에서는 자연스럽게 다신교가 자리 잡았다. 많은 신 중에 주요한 신으로는 12위가 있었는데, 제우스, 헤라, 아테나, 아폴론, 아르테미스, 포세이돈, 아프로디테, 헤르메스, 헤파이스토스, 아레스, 데메테르, 디오니소스 혹은 헤스티아가 이에 해당된다. 대다수의 그리스 종교 의례는 이러한 신들을 중심으로 이루어졌다.

그리스 종교의 목적은 실제적이고 현실적이었으며, 사람들의 일상생활과 뗄 수 없는 위치에 있었다. 특히 그리스에서 종교는 사회와 정치적인 삶에서 중요한 위치를 차지했다. 예를 들면, 아테네는 민주주의의 발전과 더불어 종교 생활의 틀이 바뀌었다고 할 수 있다. 귀족 가문에 의해 통제되던 많은 종교 의례들이 민주주의가 발달해가면서 폴리스의 종교 달력에 편입되었다. 이렇게 흡수된 의례들은 공공 의식으로 확립되었고, 자연스럽게 친족 중심의 문화는 지역, 더 나아가서 폴리스 중심의 문화로

변화하게 되었던 것이다.[1]

그리스 종교는 현실적인 측면이 강해서 일반적으로 인간 구원의 문제를 다루고 있지 않았으며 도덕적인 성격을 갖고 있지도 않았다. 고대 그리스인들이 신을 믿는 것은 사후의 안녕을 찾기보다는 신의 강한 힘과 능력에 기대서 현실 세계를 평안하게 살고자 함이었다고 알려져 있다. 그런 이유로 항해나 전쟁과 같이 위험한 상황에 노출되어 있던 사람들은 아테나나 포세이돈과 같이 그들을 구해줄 수 있는 신과 영웅들에게 도움을 구했다. 일상생활에서도 자신의 직업과 관계되어 있는 신들에게 자신들의 삶의 안정을 호소했다.

가장 전성기였던 고전기 그리스에서 한 해 동안 폴리스의 주도로 행해진 공식 종교 의례는 매우 다양했다. 그리스 전역에서 행해진 공식 종교 의례는 300개 이상이었으며, 약 400명의 신들이 숭배되었다고 한다. 특히 문헌적 사료가 다른 곳에 비해 풍부히 남아있는 아테네의 경우, 기원전 5~4세기에 1년 중 120여 일 동안 축제가 행해졌던 것으로 알려져 있다.[2] 공식적인 종교 외에도 고대 그리스 사람들은 집안, 지방의 구역이라 할 수 있는 데모스, 부족 등을 중심으로 이루어지는 다양한 종교 의례가 있었기 때문에, 당시 사람들의 생활 방식은 축제 일정에 맞추어져 있었다고 해도 과언이 아닐 것이다.[3]

당시 사람들이 종교의식에 많은 시간을 할애했던 것은 일상생활에서 일탈하여 즐거움을 추구하고자 하는 목적도 있었겠지만, 더 근본적으로는 신을 즐겁게 함으로써 자신과 폴리스의 안녕을 기원하기 위해서였다. 그리스 종교 사상의 근간이 신과 인간 사이에 존재하는 호혜주의라는 측면은 호메로스의 『일리아스』를 살펴보면 잘 알 수 있다. 아폴론의 사제 크리세스가 아폴론에게 희생 제의를 바치면서, 자신이 원하는 것이 무엇인지에 대해 언급하는 부분이 등장한다.

"크리세와 신성한 킬라를 지켜주시고 테네도스를 강력히 다스리시는 은
빛 활의 신이여, 내 기도를 들어주소서. 오! 오! 스민테우스여, 저는 당
신을 즐겁게 해드리기 위해 당신의 마음에 드는 신전을 지어드렸습니
다. 그리고 언젠가 당신을 위해 황소와 염소의 기름진 넓적다리 살점들
을 태워드린 적이 있습니다. 그러하니 제 소원을 이루어 주시옵소서. 당
신의 화살로 다나우스의 백성들에게 제 눈물의 대가를 치르게 하소서"

(Homer, *Ilias*, I. 34-42.)

여기서 알 수 있는 것은 그리스인들은 미래에 닥칠 시련과 위험에 대비
해서 미리 신들을 기쁘게 할 만한 행동을 하고 있었다는 점이다. 고대 그
리스에서 종교 활동은 국가나 개인에게 불행이 닥쳤을 경우에 행하기도
하지만, 오히려 정기적으로 수행되는 종교의식을 통해 평소에 신의 호의
를 구해놓는 것이 더 일반적이었다고 할 수 있다.

신의 호의를 구하기 위해 그리스 종교의식에 참여한 경배자들은 신에
게 기도를 올리고, 찬가를 부르고, 희생 제물을 바치고, 성소에 봉헌물을
내놓았다. 성소에서 사람들은 신들의 축복에 대해 경배하고 감사를 표시
했고, 반면 신들이 분노했을 때에는 그 분노를 진정시키기 위해 노력했
다. 국가가 주도하는 종교의식에서 희생 제물은 사제 혹은 여사제에 의해
바쳐졌는데, 사제들의 대부분은 시민집단에서 차출되었으며, 사제의 역
할을 수행하지 않는 동안에는 시민으로 생활했다. 물론 일부 사제들은 성
소에서 생활하면서 전통에 따라 신을 위한 의식을 집전하기도 했지만, 전
반적으로 그리스 종교는 체계적인 신학이나 종교적 교리를 갖고 있지 않

은 것으로 알려져 있다.

고대 그리스 사람들의 종교는 대체적으로 공동체의 이익과 현실 세계의 안정을 목적으로 한다고 할 수 있지만, 개인의 행복과 사후 세계에 대한 관심과 믿음 역시도 갖고 있었다. 고대 사람들은 미스테리아에 참여함으로써 불멸의 축복을 희구하였고, 개인들의 구원을 약속받았다. 미스테리아로 유명했던 대표적인 의식으로는 오르페우스 미스테리아와 엘레우시스 미스테리아를 들 수 있다. 오르페우스 미스테리아는 디오니소스 미스테리아에서 파생된 것으로 보이며 철학 사상에 많은 영향을 미쳤지만, 당시 비난의 대상이기도 했다. 반면, 엘레우시스 미스테리아는 곡물의 여신이자 대지의 여신이었던 데메테르와 그녀의 딸이면서 지하의 여신이 되는 페르세포네를 숭배하는 의식으로, 엘레우시스와 아테네로부터 인정받는 종교의식이었을 뿐만 아니라 국가의 보호 아래 육성된 독특한 미스테리아였다.

그리스 종교의식에서 행해졌던 의례들은 춤, 음악, 기도, 찬가, 행렬, 희생 제의, 연극 경연, 운동경기 등이 있다. 고대 그리스 종교 축제에서 춤과 음악이 없는 경우는 거의 없다고 할 수 있다. 대표적으로 판아테나이아 축제에서는 아테나 여신이 아버지인 제우스 신의 머리에서 탄생하는 장면을 기념하기 위해 행해졌던 전쟁 춤이 있었다.[4] 이외에도 디오니소스 축제에서도 춤이 중요한 축제의 요소로 등장한다. 디오니소스 축제는 신과 합일하려는 목표를 가지고 있었기 때문에, 탬버린이나 캐스터네츠와 같은 타악기를 사용하는 음악에 맞춰 무아지경에 이르는 춤을 추며 신의 경지에 도달하려 했다고 한다. 이러한 이유로 디오니소스 축제는 항상 시끌벅적했고 혼란스러워 '디오니소스 브로미오스(떠들썩한 자)'라는 별칭이 따라붙었다.[5]

춤과 음악과 더불어 종교의식에서 중요했던 요소인 찬가는 행렬과 밀접한 연관이 있었다. 찬가의 기본적인 구조는 신을 불러내고, 신성한 행위들을 기리면서 신을 영예롭게 하고 신의 호의를 구하는 기도를 하는 것이다.[6] 찬가는 행렬을 이루어 가면서 신성한 장소에 멈추어 섰을 때 불렸던 것으로 보이는데, 이는 아폴론 숭배에 따른 행렬에서 그 형태를 잘 알수 있다. 밀레토스의 아폴론 신전에서 디뒤마의 아폴론 신전까지 20m가 넘는 길, 즉 신성한 길을 따라 순례하는 도중에 여섯 개의 사당에 각각 멈추어 아폴론 델피니오스(델포이의 아폴론)의 영예를 기리기 위해 여섯 번의 찬가를 불렀다고 전해진다.[7]

행렬은 행하는 목적과 구성에 따라 다양한 의미를 지닌다. 희생 제의와 관련된 행렬은 희생 제물의 가치를 보여주고 제의를 드리는 자의 경건함을 드러내기 위한 것이며, 아테나 여신에게 봉헌되던 페블로스를 수행하기 위한 행렬이 대표적이었다. 페블로스는 매년 새롭게 지어진 아테나의 옷으로, 이는 아테네 시민과 아테나 여신의 상호적 관계를 보여주는 것이라고 할 수 있다.[8] 결혼 행렬은 결혼의 공식적인 성격을 널리 알리기 위한 것이다. 또한 신상神像을 들고 가는 행렬은 자주 볼 수 있는 축제의 모습이었으며, 때로는 기존의 질서를 강조하려는 목적도 포함되어 있었다.[9] 대표적인 행렬로는 엘레우시스 미스테리아의 이아코스 행렬과 디오니소스를 숭배하던 축제 중 하나인 안테스테리아에서 디오니소스 상을 동반한 행렬을 들 수 있다. 엘레우시스 미스테리아의 이아코스 행렬은 페르시아 전쟁의 승리를 상징하는 것이라고 할 수 있으며, 안테스테리아 축제의 두 번째 날에 행해졌던 행렬은 배 모양의 마차에 오른 디오니소스를 뒤따르는 것으로 바다로부터 온 디오니소스 이미지를 형상화했다.

종교의식에서 가장 핵심이라고 할 수 있는 것은 봉헌 의식 혹은 희생제의일 것이다. 봉헌 의식은 포도주나 우유를 헌주하거나, 제단에 케이크나 과자를 올려놓거나, 가장 먼저 수확한 곡식과 야채를 바치는데, 가장 일반적으로 행해지는 봉헌 의식은 동물을 바치는 희생제라고 할 수 있다. 신마다 좋아하는 제물이 있다고 믿었던 고대 사람들은 신에 맞는 제물을 바쳤다. 대개 여신에게는 암컷을, 남신에게는 수컷을 제물로 바쳤다. 포세이돈에게는 황소를, 아테나 여신에게는 암소를, 아르테미스와 아프로디테에게는 암염소를 주로 바쳤으며, 의술의 신인 아스클레피우스에게는 병을 고쳐준 대가로 닭을 바쳤다. 일반적으로 희생제에 바쳐진 동물의 고기는 사제들과 참여한 사람들이 나눠 가졌는데, 고기를 즉석에서 먹거나 집에 가져갔다. 일부 의식이기는 하지만 지하 세계의 신들과 죽은 사람들에게 바쳐진 제물은 불에 완전히 전소시키기도 했다.[10]

모든 축제가 그런 것은 아니지만, 의례 중 연극 경연이나 운동경기가 행해졌다는 것은 그리스 종교 축제의 특별한 측면이라고 할 수 있다. 연극 경연이 이루어졌던 대표적인 축제로는 디오니소스 제전을 들 수 있다. 아테네에는 여러 개의 디오니소스 축제가 있었는데, 연극 경연과 관련해서는 가멜리온 달(1/2월)에 열린 레나이아 축제와 엘라페볼리온 달(3/4월)에 열린 대 디오니소스 축제가 있다. 레나이아 축제에는 디오니소스의 서정시와 연극 공연의 신이라는 측면을 기리기 위해 서정시 낭송과 연극 공연이 있었다. 이 축제에서는 주로 희극이 공연되었으며, 아테네 시민과 거류 외국인들만 참여하는 아테네 폴리스만을 위한 축제였다고 할 수 있다.[11] 레나이아 축제와 다르게 대 디오니소스 축제는 아테나 여신을 모시던 대 판아테나이아나 엘레우시스 미스테리아처럼 국제적인 행사였다. 축제는 5일간 행해졌는데, 첫 번째 날에는 서정시, 두 번째 날은 희극이 공연되었으며, 남은 3일 동안에는 비극 3부작과 풍자극이 공연되었다.

연극 경연을 대신해서 운동경기가 행해졌던 축제들도 있었는데, 올림피아, 피티아, 이스트미아, 네메아 제전이 대표적이다. 올림피아와 피티아는 4년마다, 이스트미아와 네메아는 2년마다 열렸다.[12] 올림피아는 제우스를 숭배하기 위한 종교의식이었으며, 델포이에서 행해졌던 피티아는 아폴론을 기리기 위한 축제였다. 이스트미아는 코린토스에서 행해졌으며, 포세이돈을 위한 축제였다. 네메아는 클레오나이라고 하는 작은 마을에서 시작해서 이후 아르고스에서 주도하게 된 제전으로 헤라클레스를 찬미하는 축제였다고 한다.

엘레우시스 미스테리아

엘레우시스 미스테리아는 데메테르와 페르세포네를 숭배하던 종교의식이었으며 고대에 가장 오랫동안 지속된 의례이자 축제 중 하나였다. 기원전 15세기경에 시작된 것으로 추정되는 엘레우시스 미스테리아는 기원후 로마 시대까지 그 명성을 유지했다. 약 2000년 동안 엘레우시스 미스테리아가 유지될 수 있었던 것은 이 의식이 중요했기 때문이었을 것이며, 의례적 특성이 그리스인들이나 로마인들에게 매력적으로 보였던 부분이 있었기 때문일 것이다. 이와 더불어, 엘레우시스, 아테네, 로마의 유력 정치가들의 관심도 한몫했던 것으로 보인다.

오랜 기간 거행되었던 엘레우시스 미스테리아 의례가 처음부터 형태를 갖추어 동일한 방식으로 이어진 것은 아니지만, 제의 과정이 어느 정도 확립된 이후 새겨진 기원후 2세기 비문을 살펴보면 종교 의례의 전반적인 과정을 엿볼 수 있다. 엘레우시스 미스테리아는 크게 대 미스테리아

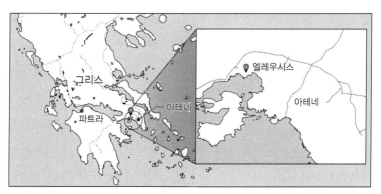

그림 1 엘레우시스와 아테네

와 소 미스테리아로 나눌 수 있는데, 이 중 대 미스테리아의 공식적인 종교의식은 보에드로미온 달(9·10월) 15일부터 22일까지 8일간 행해졌다. 공식 행사가 시작되기 이틀 전인 13일에는 엘레우시스 미스테리아를 준비하기 위한 중요한 행사가 있었다. 군사 훈련을 하던 어린 남자들, 즉 에페보이아가 의식에서 가장 중요한 '히에라'라고 불리던 신성한 물건들을 아테네로 가져오기 위해 엘레우시스로 갔다. 14일에는 그들이 히에라를 엘레우시스 데메테르 성소로부터 아테네의 데메테르 성소였던 엘레우시니온으로 가지고 왔다. 이 과정이 마무리되면, 엘레우시스 대 미스테리아를 시작할 준비가 갖추어졌다고 할 수 있다.[13]

히에라가 아테네에 도착하면 공식적인 행사의 준비가 완료된 것으로 보고, 15일부터 본격적으로 엘레우시스 대 미스테리아 행사가 시작되었다. 아기르모스라고 불리던 15일에, 입교 준비자들은 모두 아고라에 있던 채색 스토아로 모였다. 먼저, 아테네에서 종교를 관장하던 관직인 아르콘 바실레우스가 축제의 시작을 알렸고, 살인자, 신성 모독자, 그리스어를 할 수 없는 자 등 축제에 참여할 수 없는 자에 대해 발표했다. 16일은 엘라시스라고 불리던 날로 바다로 가서 정화 의식을 거행했던 것으로 알려져 있다. 입교자들은 새벽에 새끼 돼지를 가지고 바닷가로 가서 바닷물에 목욕을 하고, 가져간 새끼 돼지를 데메테르에게 바친 후 아테네로 돌아왔다. 이날의 의식은 바닷물에서 정화, 돼지피로 하는 정화와 같이 모든 정화 의식의 요소를 가지고 있었다. 17일은 기록이 많이 남아있지 않아 자세한 사항은 알 수 없지만, 희생제를 행했던 것으로 보인다. 이날에는 데메테르와 페르세포네 외에도 다양한 신들에게 희생제가 드려졌을 것으로 추정된다.[14] 18일은 에피다우리아 혹은 아스클레피에이아라고 불렸다. 이날은 의술의 신인 아스클레피오스에게 바쳐졌던 날이었다.[15] 에피다우리아 날에 도착한 축제의 참여자들은 비록 축제에 늦기는 했지만, 늦은 것을 용인받고 축제에 참여할 자격이 주어졌던 것으로 알려져 있다. 더욱이 이날에는 희생제와 행렬이 있었던 것으로 짐작된다. 이아코스 혹은 폼페라고 불리던 19일은 신성한 물건인 히에라를 아테네에서 엘레우시스로 돌려보내는 행렬이 있던 날이었다. 행렬은 신성한 길이 시작하는 디필론 게이트에서 시작했는데, 선두에는 이아코스 신상이 위치하고 있었으며, 히에라를 가져왔을 때와 마찬가지로 에페보이아의 호위 아래 엘레우시스로 돌아갔다.

행렬이 엘레우시스에 도착한 20일부터는 가장 중요한 종교의식이 진행되었다. 20일과 21일은 텔레테로 입교 의식이 행해지는 날이었다. 20일은 드로메나, 데이크니메나, 레고메나의 세 단계의 입교 의식을 거쳐야 했으며, 21일은 에폽타이의 단계로 일 년 전에 입교했던 사람들이 다시 돌아와 입교의 최고 단계에 이르는 의식이었다. 22일은 플레모코아이라는 날로, 플레모코에(위가 튀어나오고 바닥은 단단한 흙으로 만들어진 단지)에 물 혹은 술을 담아서 땅에 뿌렸고, 입교자들은 입교 당시 입었던 옷을 데메테르에게 바치기도 했다. 이날은 죽은 자들에게 헌주하는 날이었으며, 농업과 관련한 의식도 있었던 것으로 보인다. 플레모코아이를 마지막으로 공식적인 종교의식은 끝이 났지만, 아테네에서는 행정적인 행사가 하나 남아있었다. 24일에 아테네 엘레우시니온에서 400인 회의가 소집되었는데, 이는 엘레우시스 미스테리아가 끝나고 나서 그에 대한 결과와 평가 등을 듣기 위한 자리였다.[16]

엘레우시스 미스테리아에서 숭배된 신과 영웅

엘레우시스 미스테리아에 관한 신화를 담고 있는 가장 이른 시기의 사료는 호메로스류의 『데메테르 찬가』이다. 이 이야기는 페르세포네가 하데스에 의해 납치되는 장면으로 시작한다. 딸을 잃은 슬픔에 젖은 데메테르는 딸을 찾기 위해 전 세계를 헤매고 돌아다니다가 헤카테와 헬레오스를 만나게 되고, 헤카테의 도움으로 딸의 소재를 알게 된다. 하지만 지하의 신인 하데스가 딸을 데리고 갔기에 다른 신들은 데메테르를 도와주기를 꺼렸고, 페르세포네의 아버지였던 제우스조차도 방관하고 있었기 때문에 딸을 다시 찾는 것은 요원해 보였다.

의욕을 잃고 방랑하던 데메테르는 켈레오스가 다스리는 엘레우시스 땅에 들어서게 되었다. 그곳에서 켈레오스와 메타네이라의 딸들을 만나게 되는데, 데메테르가 신인 줄 몰랐던 그들은 그녀를 집으로 초대하였다. 그 집에서 융숭하게 대접을 받은 데메테르는 메타네이라의 어린 아들 데메폰을 돌보는 유모로 일하기로 한다. 그녀는 그 아이를 불로불사의 몸으로 만들려고 했으나, 이 모습을 본 메타네이라가 데메테르가 아이를 죽이려 한다고 오해하였다. 이 사건을 계기로 신의 모습을 드러낸 데메테르는 크게 화를 냈고, 사람들은 화가 난 여신을 달래기 위해 온갖 노력을 기울였다. 결국 켈레오스는 데메테르의 신전과 제단을 지을 것을 약속했고, 여신은 그곳에 머물기로 결정한다.

하지만 삶의 의미를 잃은 여신이 신전에 틀어박혀 아무 일도 하지 않자 전 세계는 기근으로 힘들어졌다. 이는 인간들뿐만 아니라 제물을 받지 못할 지경에 이른 신들에게도 큰 문제였다. 상황이 좋지 않자 제우스는 그의 뜻을 전하는 이리스를 데메테르에게 보냈지만, 여신을 설득하지 못했다. 이에 제우스는 전령의 신인 헤르메스를 하데스에게 보내 페르세포네를 돌려줄 것을 설득했다. 하데스는 페르세포네를 돌려보내기로 했지만, 그녀가 지하 세계를 떠나기 전에 석류 열매를 먹도록 권유하였다. 헤르메스의 도움으로 지상 세계로 돌아온 페르세포네는 데메테르에게 그간의 사정을 이야기했다. 데메테르는 딸이 지하에서 석류 열매를 먹은 사실을 알았고, 제우스의 중재로 일 년 중 1/3은 지하 세계에, 나머지는 자신의 곁에 머무는 것으로 만족해야 했다. 이후 데메테르는 레아의 설득으로 올림포스산으로 돌아갔고, 트립톨레무스, 디오클로스, 폴리케이노스, 에우몰포스 등 엘레우시스 귀족들에게 엘레우시스 미스테리아를 전수해 주었다.

『데메테르 찬가』를 살펴보면 많은 신과 영웅들이 등장하기는 하지만, 기원전 4세기경의 엘레우시스 미스테리아에 관련된 신과 영웅들을 묘사해 놓은 대표적인 도기에 그려진 그림을 보면, 『데메테르 찬가』에서 등장하지 않는 신들이 다수 등장한다.[17] 도기화를 크게 앞면과 뒷면으로 나누었을 때, 앞면의 중심을 차지하고 있는 여성은 데메테르임이 분명하다. 그녀는 화려한 머리 장식을 하고 오른손에 홀을 들고 바위 위에 앉아 있다. 여기서 바위는 데메테르가 전 세계를 방황하다가 엘레우시스 지역에 도착하여 앉아 있던 '슬픔의 바위'를 상징할 가능성이 높다. 데메테르 오른쪽에 그려져 있는 작은 아이는 풍요의 뿔을 들고 있는 모습으로 판단하건대 플루토스로 보인다. 그 옆에 횃불을 들고 있는 여성은 코레, 즉 페르세포네일 것이며, 가장 오른쪽 옴파로스 위에 앉아 있는 이는 가이아 혹은 테미스로 보인다. 데메테르를 중심으로 그 왼쪽에 있는 인물은 날개를 달고 있는 작은 모습으로 추정컨대 에로스로 판단되며, 에로스 옆에 그와 짝을 이루고 있는 여성은 그의 어머니 아프로디테인 것으로 짐작된다.

데메테르 뒤쪽으로는 총 네 명의 인물이 등장한다. 가장 왼쪽은 손에 곤봉을 들고 있는 것으로 보아 헤라클레스일 것이다. 그 옆에 등장하는 인물은 화려한 튜닉에 머리에는 나뭇잎으로 만든 화관을 쓰고 부츠를 신고 있으며, 양손에는 횃불을 들고 있다. 이 인물은 여러 가지 해석이 가능하다. 푸르트벵글러 Furwängler 는 이를 에우몰포스라고 주장했지만,[18] 이아코스, 에우불레오스, 미스타고고스, 횃불을 나르던 다두코스 등 다양한 설명이 가능한 인물이라고 할 수 있다. 그 옆에 날개 달린 마차를 타고 있는 인물은 트립톨레모스이다. 마지막으로 뒷줄 맨 오른쪽에 있는 사람은 손에 들고 있는 것이 디오니소스의 독특한 지팡이인 티르소스 Thysros 인 것으로 보이므로 디오니소스일 가능성이 크다.

뒷면의 중심인물은 한 손에 들고 있는 방패와 머리에 있는 장식으로 보아 아테나임을 짐작케 한다. 여기서 아테나는 엘레우시스에 대한 아테네의 관심과 영향력을 상징하는 것이라고 할 수 있다. 그 왼쪽으로는 한 여성이 작은 아이를 청년에게 건네는 장면이 그려져 있다. 여기서 아이를 받아든 청년은 그가 쓰고 있는 모자로 보아 헤르메스일 것이다. 아이를 건네는 이는 바닥에서 나오는 것처럼 묘사되어 있다. 시몬 Simon 은 그녀를 페르세포네로, 메츠거 Metzger 는 디르케로 보았지만, 땅에서 튀어나오고 있는 모습으로 비추어 보면 가이아일 가능성도 배제할 수 없을 것이다. 그리고 이들 사이에서 건네지는 아이에 대해서 푸르트뱅글러는 이아코스, 메츠거는 디오니소스라고 주장한다.[19] 아테나 오른쪽에 있는 소녀는 케틀드럼을 치고 있는데, 이는 축제에 음악을 연주하는 참여자를 나타낸다고 볼 수 있다. 뒷줄에 있는 인물들은 가장 왼쪽에서부터 차례로 헤라, 제우스, 날개 달린 니케로 보이며, 그 옆에 횃불을 들고 있는 여성은 아마도 헤카테일 것이다. 이 도기화에서 알 수 있는 사실은 기원전 4세기경에는 엘레우시스 미스테리아와 관련이 있는 신이나 영웅이 『데메테르 찬가』가 쓰인 시기보다 늘어났으며, 일부 신과 영웅들은 특징이나 성격이 바뀌었음을 짐작할 수 있다.

엘레우시스 미스테리아 기원부터 솔론 시기

엘레우시스 미스테리아 기원부터 솔론 시기

엘레우시스 미스테리아의 원형

일반적으로 비밀스럽고 신비스러운 종교의식은 국가의 의심을 받아 규제의 대상이 되는 경우가 많았지만, 엘레우시스 미스테리아는 예외였던 것으로 보인다. 『데메테르 찬가』에 따르면, 엘레우시스 미스테리아는 여신의 명령에 의해 국가가 주도하여 행해졌던 종교로 언급되는데, 이는 엘레우시스가 아테네로 병합된 이후에도 지속되었다. 더 나아가 엘레우시스 미스테리아는 아테네의 비호 아래 범그리스적 종교의식으로 발전하였다.

엘레우시스 미스테리아가 거행되기 시작한 시기는 명확하지 않다. 오래전부터 전승되어온 이야기를 기원전 7세기경에 문자로 남겼다고 전해지는 『데메테르 찬가』, 기원전 3세기에 기록된 것으로 추정되는 『파로스 연대기』, 기원전 1세기경에 쓰인 위僞-아폴로도로스의 언급과 고고학적 자료를 바탕으로 그 시기를 추정해 볼 수 있을 것이다. 『데메테르 찬가』에 따르면, 데메테르가 엘레우시스에 도래한 시기는 켈레오스가 엘레우시스를 통치하던 시기였으며, 이는 대략 기원전 1400년대 후반이었던 것으로 추정된다.

『파로스 연대기』에 기록된 내용을 살펴보면, 데메테르가 엘레우시스에 도착하여 축제를 행한 시기가 판디온의 아들인 에렉테우스가 아테네의 왕이었던 기원전 1410/09년경이라고 되어 있다. 마지막으로 위-아폴로도로스는 판디온왕이 다스리던 시기에 데메테르가 아티카에 도착했으며, 그녀가 엘레우시스에 도착했을 때에 그녀를 영접한 사람은 켈레오스왕이었다고 기록했다.[1] 판디온이 아티카를 다스렸던 시기는 기원전 1462~1423년경이며, 켈레오스가 왕이었던 시기는 1400년대 후반으로 추정된다. 세 개의 기록이 당대의 기록이 아니며 등장하는 인물들이 전설적임을 감안하더라도, 시기에 유사성이 있음을 알 수 있다. 사료에 따르면, 아테네인들은 엘레우시스에서 미스테리아가 시작된 시기를 기원전 15세기 말로 인식하고 있었음을 알 수 있다. 더불어 고고학적 자료도 이와 일치하기에, 엘레우시스 미스테리아가 시작된 시기가 기원전 15세기였을 것으로 짐작할 수 있다.

기원전 15세기경에 시작된 것으로 보이는 엘레우시스 미스테리아는 오랜 시간 이어지면서 의례를 행하는 방식에서 변화를 겪었던 것으로 보인다. 기원후 2세기 희생제 달력에 나타나는, 즉 후대에 완성된 형태의 엘레우시스 미스테리아 과정을 보면, 엘레우시스 미스테리아는 크게 두 부분으로 나뉜다. 보에드로미온 달(9·10월) 15일부터 19일까지는 아테네에서, 같은 달 20일부터 22일은 엘레우시스에서 행해졌다. 이 중에 후반부인 엘레우시스에서 수행되었던 종교 의례는 의식 중에서 가장 중요한 부분이자 엘레우시스가 아테네로 병합되기 이전부터 존재했던 종교 의례였을 가능성이 매우 높다. 반면, 아테네에서 행해졌던 의례들은 엘레우시스가 아테네로 병합된 이후 새롭게 생겨나거나 엘레우시스에서 행해졌던 의례가 아테네로 옮겨간 것으로 추정된다. 따라서 우선 엘레우시스 미스테리아의 가장 최초의 모습, 즉 엘레우시스가 아테네로 병합되기 전 엘레우시스 미스테리아가 어떠한 모습을 띠고 있었는지 살펴보고자 한다.

고대 그리스에서 종교의식은 희생제, 정화 의식, 제전이나 입교 의식 등과 같은 기본적인 의례들을 포함하는 것이 일반적이다. 이는 엘레우시스 미스테리아에서도 예외는 아니었을 것이며, 엘레우시스 미스테리아에서 가장 중요한 행사는 보에드로미온 달 20일과 21일에 행해진 텔레테라고 불리던 입교 의식이었다. 이 입교 의식에서 어떠한 일이 일어났으며, 어떻게 의식을 행했는지에 대해서는 명확하게 알려진 바가 없다. 왜냐하면 입교자들은 입교 의식에 앞서서 입교 의식 때 경험한 일을 발설하지 않겠다는 서약을 했으며, 이를 지키지 않는 것은 신성모독으로 여겨져 신에게 벌을 받는다고 생각했기 때문이다.[2] 따라서 기록이 많지 않으며, 남아있는 몇몇 단편적인 기록들을 통해서 엘레우시스 입교 의식에 대해서 추정할 수밖에 없다.

추정이 가능한 것도 기원후 그리스도교 작가들의 언급이 일부 남아있기 때문이다. 아무래도 그들은 그리스의 종교적 믿음을 지키는 데 있어서 제약이 덜했으며 신성모독에 따른 신의 처벌에 대해서도 압박이 거의 없었을 것이다. 물론 그들의 기록이 후대의 기록이고 종교적 편견 아래 쓰였다는 한계는 존재한다. 하지만 엘레우시스 미스테리아 의식들 중에서 입교 의식은 가장 중요하고 본질적인 부분이었으므로, 오랜 세월이 지나면서도 그리 큰 변화를 겪지는 않았을 것이라고 가정한다면, 사료로서 어느 정도의 가치를 인정할 수 있을 것이다. 다음으로는 이들 사료를 비판적으로 수용하면서 일부 남아있는 당대의 기록들을 중심으로 엘레우시스 미스테리아의 입교 의식의 형태를 추정해 볼 수 있을 것이다.

현존하는 기록들에 따르면, 20일 밤부터 행해진 입교 의식은 크게 세 부분으로 나뉘었다. '행해지는 것'이라는 의미의 드로메나Dromena, '보여지는 것'이라는 의미의 데이크니메나Deiknymena, '말해지는 것'이라는 뜻의 레고메나Legomena이다. 21일 밤에는 에폽테이아라는 단계가 있었는데, 이는 전년도에 입교 의식을 마친 입교자만이 참여하는 의례로 한 단계 상승하는 의식이라고 볼 수 있다.[3]

먼저, 20일 밤에 행해진 드로메나에 대해 살펴보자. 드로메나는 '행해지는 것'이라는 의미로, 기원전 2세기 그리스 학자였던 아폴로도로스는 드로메나에서 행해졌던 일이 무엇이었는지 짐작할 수 있는 기록을 남겼다. "코레(데메테르의 딸)가 이름으로 불렸을 때, 히에로판테스(최고 사제)는 소위 '징'이라고 불리는 것을 때려 소리를 내는 관습이 있었다."[4] 여기서 징은 그리스 극장에서 번개를 모방하기 위해 사용되었던 것으로 이는 지하 세계로부터 왔다고 여겨졌다.[5]

2세기 그리스도교 작가였던 테르툴리아누스 역시 20일 밤에 벌어진 일에 대한 실마리를 제공했다. "데메테르 그녀 자신이 겪은 것과 같은 이러한 종류의 고통을 당하지 않으면, 왜 데메테르 의례에 입교한 자가 될 수 없는가?"[6]라고 기록하고 있는 것으로 볼 때, 입교 의례에서는 여러 종류의 고통, 어려움을 겪는 과정이 있었음을 짐작케 한다. 마지막으로 3세기 락탄티우스는 "의례에서 그들이 페르세포네를 찾기 위해 불을 밝힌 횃불을 들고 밤 동안에 있었고, 그녀가 발견되었을 때 의례에 참여한 사람들은 횃불을 던지고 감사하는 단계로 나아간다."라고 언급한다.[7] 아폴로도로스, 테르툴리아누스, 락탄티우스의 기록에서 알 수 있는 것은 드로메나는 데메테르 여신이 페르세포네를 찾아 헤매면서 경험했던 고난과 슬픔을 입교자들이 모방하는 의례였던 것으로 추정되며, 마지막에 페르세포네를 찾게 되면 그에 대해 감사하는 행위로 이어졌던 것으로 보인다.

드로메나 다음으로 행해지는 의식은 '보여지는 것'이라는 의미의 데이크니메나였다. 이는 입교자들이 신전 안에서 가장 중심이 되는 신상 안치소였던 아나크토론 앞에 서 있는 동안, 미스테리아의 최고 사제였던 히에로판테스가 신성한 물건인 히에라를 그들에게 보여준 행위를 말한다. 이는 입교 의식 중에서도 가장 절정의 순간이었다.

데이크니메나 때에 중요한 것은 바구니에 담긴 히에라였다. 2세기 말 3세기 초 교부 철학자였던 알렉산드리아의 클레멘스는 히에라를 담고 있는 신성한 바구니에 대해 언급했다. "나는 단식을 했다. 이후 나는 키케온을 마셨다. 나의 일을 하면서, 나는 그것[히에라]을 가슴으로부터 가져왔다. 나는 그것을 바구니에 놓았고, 바구니에서 다시 가슴으로."[8] 클레멘스는 신성한 물건이 무엇인지는 밝히지 않았고, 단지 이를 바구니에 놓았다고 이야기한다.

바구니에 대한 내용은 기원전 4세기 말 3세기 초 시인이었던 칼리마코스가 쓴 『데메테르 찬가』에서 더 분명히 알 수 있다. "바구니로부터 [히에라가] 드러나자, '데메테르 여신이여, 엄청난 환호를 받는 이여! 풍요로움과 곡물의 여인이여!'라고 말하면서, 여인인 당신들은 그것을 받아들였다. 바구니로부터 나온 것처럼, 땅으로부터 당신들은 그것을 볼 것이다. 당신은 아직 입교되지 않았고, 지붕을 응시하는 것이 아니라 하늘 높은 곳을 응시한다."라고 기록한 칼리마코스 역시 그 물건이 무엇인지 명확히 밝히고 있지 않다.

히에라에 대해 직접적으로 언급한 내용이 없어서 그것이 정확히 무엇인지는 알기 어렵지만, 몇몇 기록에서 바구니에 담겼다는 것으로 보아 히에라가 그리 크거나 무거운 물건은 아니었을 것으로 짐작된다. 또한 보에드로미온 달 19일에 있었던 행렬과 함께 히에라가 엘레우시스로 돌아가는 길 중간에 지나야 했던 레이토 지역은 호수가 있어서 행렬이 다리를 건너야 했다고 알려져 있는데, 이때 여사제들이 히에라를 머리에 얹고 레이토 다리를 건넜다는 기록이 있다.[9] 이러한 사실로 짐작컨대, 히에라는 그리 크지도 무겁지도 않았음이 분명해 보인다.[10] 히에라가 무엇인지에 대해 학자들은 다양한 의견을 내놓았는데, 미케네 궁전 성소의 부속물이었다든지, 남성의 생식기 모양이라든지, 나체, 황금색의 신비한 뱀 혹은 곡물의 이삭이라는 주장 등이 있다.[11]

마지막으로 레고메나는 '말해지는 것'이라는 의미를 지닌다. 레고메나의 뜻을 생각했을 때, 이는 의식을 위한 어떠한 문장, 혹은 의식에 대한 설명, 혹은 드로메나를 수반하는 기도문일 가능성이 높다. 정확히 레고메나가 어떠한 의식인지 알 수 없지만, 4세기 철학자였던 소파트로스의 기록에 따르면 매우 중요했음을 알 수 있다.

> 그는 한 소년의 이야기를 언급한다. 그 소년은 꿈에서 엘레우시스 미스테리아에 입교해서 드로메나를 보았다. 하지만 그는 히에로판테스가 하는 말을 분명하게 듣지 못했다. 이런 이유로 그는 입교된 것으로 인정받지 못했다. (Sopater, *Rhetores Graeci*, VIII.)

소파트로스의 언급은 두 가지 중요한 측면을 내포하고 있다. 첫 번째는 비록 꿈에서 입교 의식에 참여했다고 하더라도, 레고메나를 수행했다면 입교로 인정될 수 있다는 점이다. 두 번째는 비록 입교하고자 했던 사람이 모든 과정을 성실히 수행했다고 하더라도 레고메나에 참여하지 못했다면, 결국 그 사람은 입교자로 인정되지 않았다는 점이다. 즉, 신성한 단어를 듣고 말하는 것이 입교 의식에서 가장 중요했으며 필수적인 것이었음을 알 수 있다.

드로메나, 데이크니메나, 레고메나를 경험한 입교자들이 완벽한 입교자가 되었다고 할 수는 없었다. 완벽한 입교를 위해서는 일 년 뒤에 한 번 더 엘레우시스 성소를 방문해야 했다. 입교의 마지막 단계는 에폽타이로, 데메테르 성소에서 보내는 두 번째 밤인 21일 밤에 행해졌다. 이날 밤에는 가장 신성한 물건이라고 칭해지는 것이 에폽타이 단계에 들어선 입교자들 앞에 드러났다. 이 역시 무엇인지는 명확히 알 수 없지만, 몇몇 기록에 따르면 이것이 밝은 빛과 밀접한 연관을 갖고 있었음을 알 수 있다. 먼저, 플라톤은『파이드로스』에서 입교에 대한 소크라테스의 신비로운 환상에 대해 기록했다.

> 행복한 휴식과 함께, 그들이 아름답게 빛나는 빛을 보았던 시기가 있었다. 제우스의 일행들을 따라가는 우리 철학자들, 다른 신들의 무리를 따르는 다른 사람들. 그러고 나서 우리는 더없이 행복한 환상을 보았고, 진실로 가장 많은 피를 흘린다고 불리는 미스테리아에 입교되었다. 우리가 순수한 빛에서 빛나는 것으로 보는, 그리고 우리가 순결하고 단순하고 조용하고 행복한 환영을 보는 상태로 들어갔을 때, 우리가 장차 어떠한 악한 경험을 하기 전, 우리들이 [선한]상태로 돌아갔음을 축하하였다. (Plato, *Phaedrus*, 250.)

플라톤의 기록은 빛을 보고 완벽한 입교가 되었음을 말하고 있다. 이는 기원후 1세기경에 만들어진 것으로 추정되는 파피루스에 기록된 헤라클레스에 관한 언급에서도 알 수 있는데, 헤라클레스는 "나는 오래전에 입교되었다. 다두코스 δαδουχος(엘레우시스 미스테리아에서 횃불을 옮기는 사제)여! 엘레우시스를 봉쇄하고 불을 내놓아라. 나는 신성한 밤을 인정하지 않는다. 나는 더 진실한 미스테리아에 입교되었다. 내가 코레를 보았던 곳에서 나는 불을 보았다."라고 말한다.[12] 11세기 비잔틴의 정치가이자 학자였던 프셀루스 Psellus 역시 입교자들이 에폽타이의 숭고한 단계에 들어갔을 때 신성한 불빛을 볼 것이라고 언급했다.[13] 기록된 시기가 매우 다양하기는 하지만, 이들의 언급에서 공통적으로 알 수 있는 것은 입교자들은 신성한 불에 의해 입교의 최종 단계인 에폽타이에 들어갈 수 있었다는 사실이다. 에폽타이가 됨으로써 입교자들은 정화되었고, 평화를 누리고, 새로운 사람이 되었다고 선포되었던 것이다.

보에드로미온 달 20일과 21일에 행해진 입교 의식이 끝나면, 다음 날인 22일은 플레모코아이 날로서 이 의식 역시 엘레우시스에서 행해졌다. 이러한 이유로 플레모코아이 역시 엘레우시스가 아테네로 병합되기 이전부터 행해졌던 엘레우시스 미스테리아의 의식 중 하나였을 깃으로 추측된다. 플레모코아이라는 명칭은 이날의 행사에 사용된 플레모코에라는 단지에서 유래되었다. 2세기 말 3세기 초 수사학자였던 아테나이오스의 기록에 따르면, "이날 사람들은 두 개의 플레모코에에 술을 채우고, 양손에 각각 들고 가서 동쪽과 서쪽에 도기를 하나씩 세우고 그것들을 넘어 신비로운 방식으로 말을 하면서 의례를 행했다."고 한다.[14] 땅에 헌주하는 행위는 땅에 대한 감사와 경외를 보여주는 것이라고 할 수 있다. 땅은 농업적인 요소와 지하 세계에 대한 이중적인 관념을 모두 포함하고 있으므로, 대지의 여신 데메테르와 지하의 여왕 페르세포네를 기리던 종교 의례의 마지막을 땅에 하는 헌주로 마무리했던 것은 당연한 것이라고 할 수 있다.

앞서 살펴보았듯이, 엘레우시스 미스테리아 입교의 과정은 여러 단계를 거쳐야 했지만 많은 이들이 입교하기를 원했다. 입교자가 많았던 것은 그리스 사회에서 엘레우시스 미스테리아가 갖는 의미와 위상이 특별했기 때문일 것이다. 짐작컨대, 엘레우시스 미스테리아가 다른 종교의식과는 다르게 내세적, 농업적, 연극적 요소를 다양하게 포함하고 있었기에 큰 인기를 구가할 수 있었을 가능성이 매우 높다.

우선, 엘레우시스 입교 의식은 내세적 측면을 가지고 있었다. 페르세포네가 지하 세계에 내려가서 지하의 여왕이 되고 다시 어머니에게 돌아오는 과정은 죽음과 부활을 상징하기도 한다. 이는 내세에 대한 두려움과 경외감을 가질 수밖에 없는 인간에게는 매우 매력적인 요소였을 것이다. 엘레우시스 미스테리아에 참여해서 입교된 사람들은 구원을 받은 사람이며, 입교를 하지 못한 사람과는 다른 차원의 사람이 된 것이라고 사람들은 믿었다. 이는 『데메테르 찬가』에서도 언급되고 있다. "땅 위에 사는 사람들 사이에서 엘레우시스 미스테리아를 본 사람은 행복했다. 그러나 입교하지 않고, 미스테리아에 전혀 참여하지 못하고 죽은 사람이 있다면, 그는 결코 셀 수 없이 좋은 것들을 갖지 못하고 이로 인해 어둠과 우울함에 가라앉을 것이다."[15] 이처럼, 엘레우시스 미스테리아는 현실의 행복과 죽음 뒤의 평안에 대한 내용을 담고 있었다. 오르페우스 미스테리아를 제외하고, 내세관은 다른 그리스 종교의식에는 거의 나타나지 않는 부분이었다. 엘레우시스 미스테리아는 그리스인들의 죽음에 대한 두려움과 내세의 평온에 대한 갈증을 해소시켜줄 수 있는 종교의식으로 매우 중요했을 것이다.

내세적 특징 외에, 엘레우시스 입교 의식은 농업적인 특성 역시 가지고 있었다. 엘레우시스 미스테리아의 주신이었던 데메테르는 기본적으로 농업과 관련된 여신이었다. 더욱이 '보여지는 것' 단계인 데이크니메나를 행할 때, 입교자들 앞에 보인 히에라가 무엇인지에 대한 많은 추측이 있지만, 앞에서 언급한 바와 같이 신성한 곡물일 가능성이 가장 높다. 『데메테르 찬가』에서 언급된 하데스에 의한 페르세포네 납치와 어머니 곁으로 페르세포네가 귀환한 것에 대한 이야기는 계절의 변화를 상징한다. 농업과 관련하여 계절의 변화는 당시 그리스인들에게는 가장 중요했으며, 가장 근본적인 측면 중 하나였을 것이다.

마지막으로 엘레우시스 입교 의식은 연극적인 요소를 갖고 있었다고 볼 수 있다. 고대 그리스 종교에서 의례적 연극은 종교의식에서 한 축을 담당했다. 아테네의 아크로폴리스 옆에 디오니소스 극장이나 에피다우리아의 아스클레피오스 신전 옆에 있던 극장 등과 같이 신전 옆에는 극장이 있는 경우가 많았다. 종교의식과 축제 과정에서 행해진 연극의 주제는 주로 신화에 관한 이야기가 대부분이었다고 볼 수 있다. 해리슨Harrison은 신화의 내용을 담고 있는 의례dromena를 위해 말해지는 것legomena이 비극 공연이라고 주장한다. 드로메나와 레고메나는 엘레우시스 입교 의식에서도 중요한 단계로 연극적인 요소로 사용된 측면이 있었을 것이다. 특히 드로메나는 데메테르가 겪었던 고통을 입교자들이 연기했다는 것, 즉 입교자들이 직접 연극에 참여하는 형태였을 것으로 추정된다.

보에드로미온 달 20일부터 22일에 행해졌던 입교 의식과 플레모코아이는 엘레우시스가 아테네에 병합된 이후에도 여전히 엘레우시스에서 행해졌다. 아테네가 엘레우시스 미스테리아에 관여하기 시작한 이후에 많은 의례들이 아테네로 이관되거나 새로 생겨났지만, 이 의례들은 엘레우시스 미스테리아에서 가장 중요한 중심 의례였기 때문에, 아테네가 엘레우시스를 복속한 이후에도 그대로 행해지면서 후대에까지도 그 원형이 거의 그대로 유지되었을 것으로 생각된다.

입교 의례를 제외하고 오래전부터 엘레우시스에서 행해졌던 종교 행사로는 아름다운 춤에 관한 의식이 있었다. 아름다운 춤은 칼리코론이라는 우물 근처에서 행해졌다고 알려져 있는데, 우물의 이름 자체가 아름다운 춤이라는 의미로 '칼리 κάλλος'는 '아름다운', '코론 χορός'은 '춤'을 나타낸다. 칼리코론에 대한 언급은 가장 먼저 『데메테르 찬가』에서 등장하는데,[16] 신전을 건축할 장소에 대해 언급하는 부분에서 나타난다. 여기서 행해진 의례에 대한 구체적인 내용은 1세기경 여행가였던 파우사니아스의 기록에서 찾아볼 수 있다. 파우사니아스는 우물이 칼리코론이라고 불렸으며, 이름 자체가 아름다운 춤을 의미한다고 언급하면서, 그렇게 불린 이유는 그 앞에서 엘레우시스 여성들이 처음으로 데메테르 여신을 경배하며 춤을 추고 노래했기 때문이라고 기록한다.[17] 고고학적으로도 초기 신전의 모습에서 칼리코론의 흔적을 찾을 수 있으며, 이후 신전이 확장되는 과정 속에서 위치가 변경되기는 했지만, 칼리코론은 지속적으로 존재했음을 알 수 있다.[18] 이로 미루어, 칼리코론은 신전이 지어진 시기부터 있었던 곳으로, 여신을 숭배하고 춤을 추는 의례는 초창기부터 후대에 이르기까지 꾸준히 지속된 것으로 보인다. 이는 칼리코론 우물 근처에서 행해졌던 춤을 추는 의례가 매우 중요한 행사였음을 짐작케 한다.

솔론 이후 아테네로 이관된 의식

기원후 2세기 아테네의 신성한 달력에 따르면, 정화 의식과 희생제는 아테네에서 행해진 것으로 기록되어 있지만, 엘레우시스가 아테네로 병합되기 전에는 엘레우시스에서 정화 의식과 희생제가 행해졌을 것이다. 고대 그리스 종교의식에서 정화 의식과 희생제는 기본적인 요소였으며, 이는 엘레우시스 미스테리아에서도 예외일 수 없었을 것이기 때문이다. 그럼에도 남아있는 사료에서 정화 의식과 희생제가 아테네에서만 행해지는 것으로 알려진 것은 아마도 엘레우시스가 통합된 이후에 이것이 아테네로 이관되었기 때문으로 추정된다.

보에드로미온 달 16일에 행해졌던 일종의 정화 의식인 엘라시스를 살펴보면, 이 의식이 엘레우시스에서 아테네로 이관되었음을 짐작할 수 있다. ἅλαδε μύσται(할라데 뮈스타이, 바다로, 입교자들이여)의 날로 알려진 엘라시스에서 입교자들은 각자 돼지 한 마리를 가지고 에피멜레타이(관리하는 공직)의 감독 아래 바다로 향했고, 바닷물에 돼지를 씻으며 정화 의식을 행하였다. 여기서 바다는 티 하나 없는 깨끗한 곳으로, 악으로부터 인간을 깨끗하게 정화할 수 있는 장소라는 상징적인 의미를 지닌다.

아테네에서 엘라시스 행사를 주관할 때 갈 수 있었던 바닷가는 두 곳 정도였다. 하지만 그 두 곳 모두 아테네에서 가깝지는 않았다. 한 곳은 아테네 아크로폴리스에서 서쪽으로 약 8km 정도 떨어진 팔레론이었으며, 다른 한 곳은 아테네 아크로폴리스에서 약 12km 정도 떨어진 페이라이오스 항구였다. 아크로폴리스에서 가장 가까운 바닷가라고 하더라도 약 8km를 왕복한다고 생각하면 약 16km였다. 따라서 당시 돼지를 데리고 아테네에서 멀리 떨어진 바닷가까지 가는 것은 쉬운 일이 아니었을 것이다. 깨끗한 곳이라는 바다의 상징성만으로 단 하루의 정화 의식을 위해 그 긴 거리를 움직였다고 보기는 힘들 것이다.

아마도 바다는 깨끗한 곳이라는 의미뿐만 아니라 그 이상의 상징성을 가지고 있었을 것으로 추정된다. 엘레우시스 데메테르 성소는 바다 바로 옆에 위치해 있었다. 아테네의 정치인이었던 페이시스트라토스가 엘레우시스 데메테르 성소에 소 프로필라이아라는 문을 만들기 전까지, 성소의 주요한 문은 남쪽 필론으로, 바다로 향해 있던 문이었다. 바다로 향한 문이 가장 중요한 문이었다는 것은 바다로 향하는 의식이 중요했기 때문이었을 것이다. 그러다가 아테네가 엘레우시스 미스테리아를 주관하면서 바닷가에서 행해졌던 정화 의식, 즉 엘라시스가 아테네로 그대로 이관되어 행해진 것으로 보인다.

정화 의식과 마찬가지로 희생제 역시 처음부터 엘레우시스에서 행해졌지만, 엘레우시스가 아테네로 병합된 이후에 아테네로 이전된 것으로 추정된다. 『데메테르 찬가』를 보면, 제단에 관한 언급이 두 번 등장한다. "모든 사람들은 나의 거대한 신전을 건축하고 그 아래 제단을 ……"이라는 구절과 "켈레오스는 셀 수 없는 사람을 민회에 소집했고 그들이 풍성한 머리카락을 가진 데메테르를 위해 솟아오른 작은 언덕 위에 좋은 신전과 제단을 만들도록 명령했다."라는 구절이다.[19] 앞에 것은 데메테르가 신전과 제단의 위치를 정하고 이를 건축할 것을 명령하는 부분이며, 뒤에 구절은 그 명령에 따라 엘레우시스 사람들이 신전과 제단을 건축했다는 내용이다. 이 언급들에서 알 수 있는 것은 엘레우시스에서 오래전부터 희생제가 행해졌다는 점이다. 기록에는 남아있지 않지만, 종교 역사학자들이나 고고학자들도 엘레우시스에서 행해졌던 미스테리아 과정 중에 희생제는 필수적이었다고 주장한다. 그들은 미스테리아의 밤에 있었던 축하연 중에 제물이 희생되었을 것이라고 추정한다.

그런데 현전하는 엘레우시스 대 미스테리아 과정 중에 나오는 희생제는 아테네에서 행해진 보에드로미온 달 17일 희생제가 유일하다. 이로 미루어, 아테네가 엘레우시스 미스테리아를 주관하게 되면서, 엘레우시스에서 행해지던 희생제 역시 바다에서 행해지던 정화 의식처럼 엘레우시스에서 아테네로 이관된 것으로 짐작된다.

이상에서 엘레우시스가 아테네에 복속되기 전부터 엘레우시스 미스테리아에서 본래 행해지고 있었던 의식 내용을 재구성해보자. 우선, 가장 중요한 입교 의식과 아름다운 춤의 축하연, 바다에서 행해진 정화 의식, 희생제 등을 포함하고 있었던 것으로 보인다. 하지만 아테네가 엘레우시스를 복속하고 엘레우시스 미스테리아에 영향력을 행사하면서, 정화 의식이나 희생제는 아테네로 옮겨지고, 가장 핵심적이었던 입교 의식과 춤의 축하연 등은 엘레우시스에 남을 수 있었을 것이다. 입교 의식은 가장 핵심적인 행사였으며, 엘레우시스 지역과 밀접한 연관성이 있었기 때문에 옮기는 것은 쉽지 않았을 것이다. 그러나 그 외 희생제나 정화 의식과 같은 준비 과정이나 기본적인 부분은 거의 다 아테네로 이전되었던 것으로 추정된다.

아테네로 옮겨진 정화 의식과 희생제 외에, 엘레우시스 미스테리아가 아테네의 영향력 아래 놓이게 되었다는 것을 가장 상징적으로 보여주는 행위가 신성한 물건인 히에라가 아테네로 이동했다는 것이다. 후대의 기록에 의하면, 엘레우시스 대 미스테리아의 공식적인 행사가 시작되기 이틀 전인 보에드로미온 달 13일에 군사 훈련을 하던 어린 남자들인 에페보이아가 엘레우시스로 가서 히에라를 아테네로 옮겨왔고, 이를 아테네 엘레우시니온에 일시적으로 안치시켰음을 알 수 있다. 19일에는 대대적인 행렬을 조직하여 히에라를 다시 엘레우시스 데메테르 성소로 옮겨갔다. 잠시이기는 했지만, 히에라가 본래의 성소를 떠나서 아테네의 성소에 안치되었다는 것은 아테네의 영향력을 극명하게 드러내주는 중요한 행위였을 것이다.

히에라를 아테네로 옮기는 의식이 언제부터 시작됐는지는 명확하게 알 수 없지만, 솔론 이후 시기인 것으로 추정된다. 이는 두 가지 근거를 바탕으로 설명이 가능하다. 첫 번째는 아테네에 건립된 신전이었던 엘레우시니온의 건축 시기와 발굴된 유물이다. 아테네의 데메테르 성소였던 엘레우시니온은 7세기경에 건립되었던 것으로 추정된다. 하지만 건립 초기에는 단순히 데메테르를 위한 성소였던 것으로 보이며, 기원전 6세기 초, 즉 솔론 시기가 되면 엘레우시스 미스테리아를 위한 아테네의 성소로 확실하게 자리 잡았던 것으로 판단된다. 두 번째는 기원전 5세기 말 안도키데스의 기록에서 알 수 있다. 그의 기록에 따르면, 엘레우시스 미스테리아가 끝나고 나서, 아르콘 바실레우스는 엘레우시스 신전에서 400인회를 소집했고 엘레우시스 미스테리아의 경과를 보고하도록 했으며, 이러한 행정적 행사는 솔론에 의해 법령으로 제정되었다고 전한다.[20] 이를 바탕으로 추정하건대, 솔론 시기 이후부터 아테네는 엘레우시스 미스테리아에 대해 상당한 영향력을 미치게 되었음을 알 수 있다.

초기에 숭배된 신과 영웅

엘레우시스 미스테리아와 관련을 맺고 있는 신과 영웅은 상당히 많았다. 그들 중에서는 처음부터 엘레우시스 미스테리아와 관련이 있던 신이나 영웅도 있었지만, 일부는 시간이 지나감에 따라 새롭게 숭배되기 시작한 경우도 있었다. 어떤 영웅이나 신들은 시기에 따라 그 역할이 좀 더 중요해지기도 하고 약해지기도 했다. 즉, 엘레우시스 미스테리아와 관련이 있던 신과 영웅은 시기에 따라 그 역할과 성격이 변화하는 양상을 보인다고 할 수 있다. 예를 들면, 『데메테르 찬가』에서 중심인물은 데메테르와 페르세포네이지만, 그 외에 헤카테, 헤르메스와 같은 신들, 켈레오스와 그 가족들과 같이 엘레우시스인들이 등장한다. 반면, 아스클레피오스나 디오니소스는 『데메테르 찬가』에 등장하지 않지만, 아테네의 정치·사회적 상황이나 필요에 의해서 엘레우시스 미스테리아에 새롭게 자리를 잡고 숭배되기도 했다.

『데메테르 찬가』에서 중심이 되는 신은 단연 데메테르이다. 페르세포네는 필요한 인물이기는 하지만 중심인물이라고 보기는 어렵다. 그 외에 일반적으로 두 개의 횃불을 들고 있는 모습으로 등장하는 헤카테, 태양신이었던 헬리오스, 헤르메스, 제우스, 하데스(혹은 아이도네우스), 대지의 신인 레아, 부와 풍요의 신인 플루토스 등 다양한 신들이 등장한다. 이 중에서 헤카테는 『데메테르 찬가』에서 매우 중요한 여신으로 세 번 등장한다. 『데메테르 찬가』에서 헤카테의 모습은 다음과 같다.

> 마음씨 착하고 밝은 베일을 썼으며 페르사이오스의 딸인 헤카테만이 그녀의 동굴에서 소녀의 목소리를 들었고, 히페리온의 똑똑한 아들이었던 주인 헬리오스 역시 그녀가 그녀의 아버지인 크노소스의 아들에게 소리친 목소리를 들었다. (*Homeric Hymn to Demeter*, 25.)

그녀의 손에 빛을 가지고 오던 헤카테가 10번째 날을 밝힐 때, 그녀와

만났고 그녀에게 이러한 말을 전했다. "계절과 영예로운 선물들을 가져오는 자인 여인 데메테르여, 인간 혹은 하늘의 신들 중에 누가 페르세포네를 데려가 당신의 마음을 아프게 하는가? 나는 그녀의 목소리를 들었지만 누구였는지는 보지 못했다. 나는 지체 없이 그리고 정확하게 모든 것을 당신에게 말하고 있다."

헤카테는 그렇게 말했다. 금발이었던 레아의 딸[데메테르]은 한마디도 대답하지 않았지만, 그녀는 즉시 그녀의 손에 불타는 횃불을 들고 그녀[헤카테]와 함께 뛰기 시작했고, 그들은 신과 인간의 관찰자인 헬리오스에게로 갔다. 그들은 그의 말 앞에 섰고 신성한 여신은 말했다. (*Homeric Hymn to Demeter*, 51-63.)

많은 것을 아우르며 다른 사람들의 영과 혼을 격려했다. 각각 즐거움을 돌려받고 가는 동안, 그들[데메테르와 페르세포네] 마음에 있던 큰 슬픔은 점차 사라졌다. 그러고 나서 반짝이는 베일을 쓴 헤카테는 그들 가까이 왔고 종종 그녀는 신성한 데메테르의 딸을 끌어안았다. 그리고 그 시간 이후부터 처녀 신 헤카테는 페르세포네를 돌보는 자이자 동료가 되었다. (*Homeric Hymn to Demeter*, 435-440.)

헤카테는 우선 데메테르에게 딸을 찾도록 도움을 주는 착한 여신이었다. 아무도 데메테르에게 도움을 주지 않을 때 가장 먼저 손을 내민 여신이 헤카테였던 것이다. 다음으로 페르세포네가 데메테르의 품으로 돌아오고 나서는 그녀의 동료가 된다. 헤카테가 『데메테르 찬가』에서 이러한 모습으로 묘사된 것은 아마도 그녀가 지하 세계에서 영향력을 가진 여신이었으며, 오랫동안 마법·죽음·탄생·부활 등을 관장했던 여신으로 여겨져 왔기 때문이었을 것이다.

고대 그리스에서 헤카테가 얼마나 중요한 여신이었는지는 헤시오도스의 『신통기』에 잘 나타나 있다.

> 포이베는 또한 아스테리아라는 행복한 이름의 딸도 낳았는데, 페르세스는 언젠가 이 아스테리아를 아내로 삼기 위해 자신의 거대한 집으로 데려왔다. 그 후 아스테리아는 곧바로 아이를 가졌고 헤카테를 낳았다. 크로노스의 아들 제우스는 누구보다도 그녀를 존경했으며, 그녀에게 자랑스러운 선물, 즉 대지와 황량한 바다에 대한 몫을 주었다. …… 영원불사하는 신들로부터 최고의 명예를 누리고 있었다. 오늘날도 지상의 인간이 관습에 따라 성대한 희생제를 드리고 있으며, 은혜를 받고자 한다면 헤카테의 이름을 불렀다. …… 제우스가 그녀를 존경했기 때문이다. 헤카테는 마음만 먹으면 누구든지 가까이서 힘껏 그를 도와주었다. 헤카테가 은총을 내리는 사람은 군중 속에서도 단연 돋보였다. 그리고 병사들이 서로 죽고 죽이는 전투를 할 때도 헤카테는 자신이 원하는 사람에게 다가가서 자애롭게 승리를 안겨주고 명예를 건네어 주었다. 재판을 할 때도 헤카테는 존경할 만한 군주의 옆에 앉아 있었다. …… 그리하여 그들은 헤카테와 거대한 소리를 내며 대지를 뒤흔드는 신인 포세이돈에게 간청했던 것이다. …… 게다가 그녀는 헤르메스와 함께 자애롭게도 축사의 가축을 불러주었다. (Hesiod, *Theogony*, 411-452.)

『신통기』에서 헤카테는 대지와 바다, 심지어 하늘에 대한 일정 부분의 권리를 가지고 있었으며, 제우스에게도 존경받는 중요한 신으로 등장하며, 인간들에게도 매우 이로운 여신으로 그려진다.

헤카테는 다양한 신들의 능력을 두루 갖추고 있었던 까닭에, 때로는 아르테미스와 같은 다른 신들과 동일시되기도 했다. 둘 사이의 연관성은 『신통기』에 나타나는 혈통상으로도 짐작할 수 있다. 헤카테는 티탄 레토의 아이들인 아르테미스와 아폴론의 사촌으로 나타나며, 아르테미스와 아폴론이 태어났던 델로스섬과도 밀접한 관련이 있다. 헤카테는 일반적으로 두 개의 횃불을 들고 있는 모습으로 나타나지만, 가끔 사냥개, 무릎 길이의 옷, 사냥 부츠, 동물 가죽 등 아르테미스 모습으로 그려지기도 한다. 어떤 사람들은 헤카테가 아르테미스의 한 양상일 뿐이며, 그녀의 이름 헤카테는 아르테미스의 멀리 쏘는 자hekatebolos라는 별칭의 한 모습이라고 한다. 아르테미스의 오빠 아폴론의 수식어가 '헤카토스(헤카테볼로스)'였듯이 헤카테는 헤카토스의 여성형이라는 것이다.[21]

헤카테 외에 『데메테르 찬가』에서 중요한 신은 헤르메스를 들 수 있다. 헤르메스는 헤카테와도 밀접한 연관성이 있는데, 지하의 세계를 자유롭게 왕래할 수 있다는 측면 등에서 그러하다. 『데메테르 찬가』에서 그는 제우스의 명에 따라 하데스를 설득하여 페르세포네를 데메테르에게 데려다주는 신으로 등장한다.

그[제우스]는 에레보스(하데스의 일부)에게 금으로 만든 지팡이를 가진 아르고스의 살해자[헤르메스]를 보냈다. 그래서 하데스를 조심스러운 말로 설득했다. 그는 순결한 페르세포네를 신들에게 합류하도록 안개가 자욱한 어둠에서 빛으로 안내했고, 그녀의 어머니는 눈으로 그녀를 직접 본 후 화를 누그러뜨렸다. 헤르메스는 [제우스의 뜻에] 복종했고 올림포스의 집을 떠나서 즉시 땅의 숨은 장소로 빠르게 내려갔다. …… 그리고 그녀[페르세포네]는 마차에 탔고 강한 아르고스의 살해자는 고삐를 잡고 그의 소중한 손으로 채찍질하여 지하로부터 멀리 마차를 몰았다. 말들은 쉽게 속도를 높였다. 신속하게 그들은 그들의 긴 여정을 가로질렀고 바다나 강이나 풀로 덮인 협곡이나 산 정상도 영원히 사는 말의 능력을 막을 수 없었다. 그들은 그것들 위에 자욱한 공기를 헤치며 나아갔다. 그리고 헤르메스는 화려한 왕관을 쓴 데메테르가 머무르고 있는 장소로 그들을 데려왔고 그녀의 향기로운 신전 앞에 그들을 맡겼다. (*Homeric Hymn to Demeter*, 335-385.)

헤르메스는 제우스의 명령에 의해 지하 세계로 내려가서 하데스를 설득했고, 페르세포네를 데리고 나와 그녀의 어머니 데메테르에게 데려다 주었다. 헤르메스는 지하 세계와 지상 세계를 오고 갈 수 있는 신으로 오르페우스가 죽은 아내 에우리디케를 찾아 지하 세계로 갈 때도 동행했던 신이었다. 즉, 죽음의 경계를 넘나들 수 있는 헤르메스의 이 같은 역할은 『데메테르 찬가』에서도 그대로 나타난다. 헤르메스의 이러한 능력은 변하지 않는 그의 특징이었고, 그러한 이유로 엘레우시스 미스테리아와 관련된 이미지에서 그의 중요성은 꾸준히 지속되었던 것으로 보인다.

『데메테르 찬가』에는 데메테르, 헤카테, 헤르메스만큼 중요하지는 않지만, 다양한 신과 영웅들이 등장한다. 먼저, 부와 풍요의 신인 플루토스는 『데메테르 찬가』의 거의 마지막 부분에서 인간들에게 보내진 선물과 같은 모습으로 등장한다. 여기서 플루토스는 특별한 역할이 없이 이름만 나타난다.

똑똑한 여신이 엘레우시스인들에게 모든 것을 가르쳤을 때, 그들[데메테르와 페르세포네]은 다른 신들과의 모임을 위해 올림포스로 돌아갔다. 그리고 두려운 존재들이었으며 동시에 숭배 받는 여신들이었던 그들은 그곳에서 천둥을 치며 기뻐하는 제우스 옆에 머물렀다. 그들이 사랑하는 땅에 사는 인간들 사이에 엘레우시스인들은 즉시 축복을 받았다. 곧 그들[데메테르와 페르세포네]은 인간을 풍요롭게 하는 플루토스를 그의 훌륭한 집으로 보냈다. (*Homeric Hymn to Demeter*, 484-489.)

『신통기』를 비롯하여 여러 사료에서 일반적으로 플루토스는 데메테르와 영웅 이아시온의 아들로 등장한다.[22] 그는 부의 신이 되었고, 이후 제우스에 의해 장님이 되었다. 제우스가 그를 장님으로 만든 것은 플루토스가 선악의 판단에 의해 부를 나누어주지 못하도록 하기 위해서였다고 전해진다. 부와 복을 선물하는 신으로 인간에게 도움을 주는 존재였던 플루토스의 특징 때문에, 『데메테르 찬가』에서도 데메테르가 풍요를 약속하는 상징으로써 엘레우시스에 그를 보낸 것이라고 생각된다. 그런데 『데메테르 찬가』에서는 플루토스가 상징적 존재로 잠시 등장할 뿐이지만, 시간이 지남에 따라 그는 엘레우시스 미스테리아와 관련하여 점점 더 중요한 위치를 점하게 되었고, 때로는 플루톤, 즉 하데스와 동일시되기도 한다.

『데메테르 찬가』에서 등장하는 영웅으로는 켈레오스, 트립톨레모스 Τριπτόλεμος, 에우몰포스 등이 있다. 이들에 대해서는 『데메테르 찬가』에서 두 번 나타난다.

켈레오스의 딸들 중 가장 예쁜 소녀인 칼리디케는 그녀[데메테르]에게 대답하길, "어머니! 심지어 극심한 강요 아래서, 우리 인간들은 신들의 선물들을 인내합니다. 왜냐하면 그들은 더 강력하기 때문입니다. 나는 이 모든 것을 당신에게 분명히 설명할 것이고, 당신에게 이곳에서 세력을 갖고 있는 사람과 정부에서 두드러지게 활동하는 사람에 대해 말할 것이고, 그들의 조언과 결정들로 도시의 방어는 총괄될 것이라는 것도 말할 것입니다. 여기에는 영리한 자인 트립톨레무스, 디오클로스, 폴리케이노스, 떳떳한 자인 에우몰포스, 돌리코스 그리고 남자다운 사람인 우리의 아버지[켈레오스]가 있습니다. (*Homeric Hymn to Demeter*, 145.)

데메테르는 법률을 집행하는 귀족(혹은 엘레우시스)인 트립톨레모스와 말을 모는 자인 디오클레스, 용맹한 에우몰포스와 사람들의 지도자인 켈레오스에게 가서, 그녀의 의례 행위를 보여주고 그들에게 트립톨레모스와 폴리케이노스 그리고 디오클레스에게 역시 그녀의 모든 미스테리아에 대해 가르쳤다. 벗어나거나 알아보거나 이에 대해 말하는 것이 금지된 신성한 의례, 신들의 숭배가 그들의 목소리를 제한했다. 이러한 것들을 본 사람들은 땅에 매인 인간으로 축복받았고 이를 공유하지 못한 사람들은 이러한 축복에 대해 주장할 수 없었다. 그가 죽었을 때 어둠과 슬픔에 빠진다고 하더라도. (*Homeric Hymn to Demeter*, 472-484.)

켈레오스는 엘레우시스의 왕이었으며, 트립톨레모스는 현명한 자로 엘레우시스 귀족 중 한 사람이었다. 이밖에 떳떳한 자라는 별명을 가진 용맹한 에우몰포스Εὐμολπος, 말을 모는 사람인 디오클레스 등이 등장한다. 이들은 모두 데메테르로부터 미스테리아를 전수받는 인물로 언급된다. 이 중에서 에우몰포스는 엘레우시스 미스테리아의 주요 사제인 히에로판테스를 배출하는 가문으로 남게 되었다. 그 외에 트립톨레모스, 디오클레스 등과 같은 사람들은 큰 역할이 없이, 여러 사람 중에 한 사람으로 언급될 뿐이었다.

하지만 이 중에서 주목해야 할 사람은 트립톨레모스이다. 『데메테르 찬가』에 등장하는 트립톨레모스는 엘레우시스 미스테리아를 전수받은 여러 영웅 중 한 명에 불과하며, 아직 곡물과 관련하여 부여받은 역할이 보이지 않는다.[23] 그렇지만 이후 그는 엘레우시스 미스테리아와 농업에 있어서 가장 중요한 영웅 중 한 명으로 부상하며, 아테네의 상황과 밀접한 연관 속에서 그 특징과 성격이 변화하기 때문이다.

데메테르, 페르세포네, 트립톨레모스 부조
(왼쪽에 데메테르, 중앙에는 트립톨레모스, 오른쪽은 페르세포네)
(기원전 5세기, 아테네 국립 고고학 박물관)

현 엘레프시나, 엘레우시스 미스테리아가 행해졌던 지역

엘레우시스 미스테리아 성소 전경

데메테르 대리석상(팔라초 알템프스 로마 국립 박물관, Marie-Lan Nguyen, CC BY 2.5)

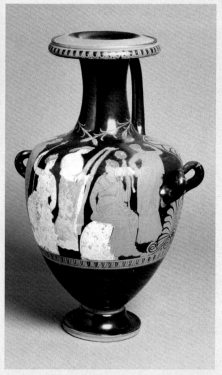

칼리코론 우물
(Davide Mauro, CC BY-SA 4.0)

앉아 있는 데메테르, 횃불을 들고 있는
페르세포네, 옴파로스 위에 앉아 있는
디오니소스가 등장하는 엘레우시스
미스테리아 히드리아(그리스 도자기 종류)
(기원전 350~310년경, 리옹 미술관)

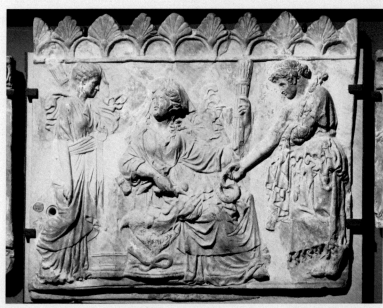

엘레우시스 미스테리아 입교 관련 테라코타(기원전 1세기경, 루브르 박물관)

하데스가 페르세포네를 납치하는 장면을 묘사하고 있는 사르코파구스(석관)
(월터스 미술관, Ad Meskens, CC BY-SA 3.0)

뱀이 이끄는 날개 달린 마차를 타고 있는 트립톨레모스와 데메테르, 햇불을 들고 있는 페르
세포네가 등장하는 봉헌 부조(기원전 4세기경, 엘레우시스 고고학 박물관, CC BY-SA 4.0)

이시스-페르세포네 조각상
(180~190년경, Wolfgang Sauber, CC BY-SA 3.0)

날개 달린 마차에 타고 있는 트립톨레모스와 페르세포네
(기원전 5세기, 루브르 박물관)

세 개의 헤카테 부조, 머리에 폴로이를 쓰고 손에 햇불을
들고 있는 세 명의 헤카테(로마 시대, Zde, CC BY-SA 3.0)

닌니온 서판. 엘레우시스 미스테리아 관련 봉헌 서판으로 미스테리아 입교 의식에 관해 담고 있는 유일한 당대 기록(기원전 370년경, 아테네 고고학 박물관)

엘레우시스 미스테리아 관련 적색상 히드리아 (바레세 화가 작품, 기원전 340년경, 알테스 박물관)

옆에 그림에서 중앙 부분만 확대한 그림, 데메테르와 엘레우시스 여왕 메타네이라

제 3 장

페이시스트라토스 시기

페이시스트라토스 시기

소 미스테리아

엘레우시스 미스테리아는 크게 대 미스테리아와 소 미스테리아'로 나뉘어 있었다. 소 미스테리아는 안테스테리온 달에 아테네 아그라이 지역을 중심으로 행해진 종교의식이었으며, 대 미스테리아는 보에드로미온 달에 아테네와 엘레우시스를 오고가면서 수행되었다. 언제부터 엘레우시스 미스테리아가 소 미스테리아와 대 미스테리아로 나뉘어 있었는지 명확하게 알려진 바는 없다. 다만, 기원전 5세기 비극 작가였던 에우리피데스, 기원전 2세기 『신화집』을 남겼다고 전해지는 아폴로도로스, 기원전 1세기 역사가인 디오도로스, 1세기 『영웅전』의 작가 플루타르코스 등의 기록에 따르면, 소 미스테리아는 헤라클레스와 밀접하게 연관되어 있었던 것으로 보인다.

헤라클레스는 그리스 신화에서 대표적 영웅으로 도리스족의 시조로 여겨져 왔다. 그는 제우스와 알크메네의 아들이자 암피트리온의 양자였으며, 페르세우스의 후손이었고, 헤라클레스 가문의 시조로 알려져 있다.

헤라클레스는 강한 힘과 용기, 재치와 같이 영웅이 가질 만한 면모를 두루 갖춘 인물로 신화에 자주 등장한다. 헤라클레스의 대표적인 신화로는 열두 가지 과업에 관한 것이 있는데, 델포이의 신탁에 따라 티린스의 왕 에우리스테우스의 신하가 되어 12년 동안 그가 시키는 일을 하게 되었다는 것이다. 첫 번째는 네메아의 사자를 퇴치하는 것, 두 번째는 레르나의 독사 히드라를 퇴치하는 것이었다. 세 번째는 케리네이아의 암사슴을 생포하는 일이었으며, 네 번째는 에리만토스 산에 사는 멧돼지를 생포해야 했다. 다섯 번째는 아우게이아스의 외양간을 청소하는 것이었으며, 여섯 번째는 스팀팔로스 숲에 살고 있던 새들을 퇴치하는 일이었다. 크레타의 왕 미노스의 부탁으로 에우리스테우스는 헤라클레스에게 황소를 생포하라고 하였는데, 이것이 일곱 번째였다. 여덟 번째는 트라키아의 왕 디오메데스의 야생마를 생포하는 일이었으며, 아홉 번째는 아마존의 여왕인 히폴리테의 허리띠를 훔쳐오는 일이었다. 열 번째는 에일리테이아 섬에 사는 게리온의 황소 떼를 데려오는 것, 열한 번째는 헤스페리데스의 황금 사과를 따오는 것, 마지막은 하데스의 수문장 케르베로스를 생포하는 것이었다. 열두 가지 과업 외에 잘 알려진 이야기로는 아르고호의 모험에 참여했던 것이나, 거인들과의 전쟁에서 큰 공을 세운 이야기 등이 전해진다.

헤라클레스와 소 미스테리아의 관계를 보여주는 신화는 열두 가지 과업 중 마지막 과업과 관련이 깊다. 헤라클레스는 하데스의 수문장이자 머리가 셋 달린 개의 형상을 하고 있던 케르베로스를 지하 세계에서 지상으로 끌고 와야 했다. 지하 세계에 속해 있던 케르베로스를 끌고 오기 위해서 헤라클레스는 지하 세계에 직접 들어가야만 했기 때문에, 이를 위해서는 엘레우시스 미스테리아에 귀의해야 했다고 전해진다.

소 미스테리아의 탄생이 헤라클레스와 관련이 있음을 언급하고 있는 몇몇 문헌 사료들이 있다. 먼저, 기원전 5세기 비극 작가였던 에우리피데스는 『헤라클레스』라는 작품에서 다음과 같이 언급한다.

암피트리온 : 잘했다. 지금, 도착했으니 가문의 제단에 가서 경의를 표하고 나를 보자꾸나. 곧 왕이 몸소 너의 부인과 아이들을 끌어내기 위해 여기 올 것이고 그들을 죽일 것이다. 그리고 너 역시 살생부에 오를 것이다. 그러나 만약 네가 여기에 남아있다면, 모두는 안전할 것이고 너는 이 보증에 의해 이익을 얻을 것이다. ……

헤라클레스 : 제가 그렇게 할 것입니다. 아버지의 충고는 감사합니다. 저는 저의 집으로 들어갈 것입니다. 하데스의 태양빛 없는 굴과 지옥의 여왕으로부터 한참 만에 돌아온 이후, 저는 제일 먼저 나의 지붕 아래 신들에게 인사하는 것을 잊지 않을 것입니다.

암피트리온 : 나의 아들아! 너는 정말로 하데스의 집에 갔었느냐?

헤라클레스 : 예 그리고 머리가 셋 달린 짐승[케르베로스]을 빛[지상]으로 데리고 왔습니다.

암피트리온 : 너는 그것을 싸워서 이겼느냐 여신이 너에게 주었느냐?

헤라클레스 : 싸워 이겼습니다. 저는 입교 의식[엘레우시스 미스테리아]을 볼 수 있는 자격을 갖추었기 때문입니다.

……

암피트리온 : 너는 땅 아래 오랫동안 있었느냐?

헤라클레스 : 아버지, 저는 하데스로부터 테세우스를 데려오기 위해 잠시 동안 머물렀습니다. (Euripides, Heracles, 599-619.)

여기서, 헤라클레스가 지하 세계로 내려가서 케르베로스를 끌고 올 수 있었던 것은 지하에 가기 전 입교 의식에 참여할 수 있는 자격을 갖추었기 때문이라고 언급하고 있다. 입교 의식을 볼 수 있는 자격을 갖추었다는 말의 의미는 엘레우시스 대 미스테리아에 참여했다는 말이라기보다는 대 미스테리아에 참여할 수 있는 자격을 갖추었다고 보는 것이 타당할 것이다. 다시 말해 헤라클레스가 지하 세계로 내려가기 전에 참여했던 의식은 대 미스테리아 이전에 행해졌던 의식이었음을 짐작할 수 있다.

다음으로 파니아시스와 아폴로도로스, 디오도로스 그리고 플루타르코스는 헤라클레스가 엘레우시스 미스테리아에 입교하기 위한 과정과 목적에 대해 다음과 같이 언급한다. 기원전 5세기 서사 시인이었던 파니아시스의 남아있는 일부 시를 보면, 트립톨레모스가 헤라클레스 입교 과정에서 연관이 있었을 가능성에 대해 기록하였다.

> 헤라클레스가 미스테리아에 참여하고 입교 의식을 치룰 때, 엘레우시스의 귀족이었던 트립톨레모스가 히에로판테스, 즉 엘레우시스 미스테리아의 주요 사제로 활동했었다. (Panyassis, *Heraclea*.)

기원전 2세기 문헌학자인 아폴로도로스는 헤라클레스의 입교 과정을 다음과 같이 말한다.

> 헤라클레스는 열두 번째 과업으로 저승에서 케르베로스를 끌고 오라는 명령을 받았다. 케르베로스는 머리가 세 개 달려 있었고, 꼬리는 용의 형태를 띠었으며, 등에는 온갖 종류의 뱀의 머리가 달려 있었다. 헤라클레스는 케르베로스를 끌고 오기 위해 출발하려 했는데, 그에 앞서 미스테리아에 입교해야 했으므로 엘레우시스로 에우몰포스를 찾아갔

다. 이방인들이 미스테리아에 입교하는 것은 불법인지라, 그는 필리오스의 양자가 된 다음 입교하려 했다. 그러나 켄타우로스족을 죽인 죄를 정화 받기 전에는 미스테리아에 참여할 수 없었기 때문에, 그는 에우몰포스에 의해 죄를 정화 받고 나서야 미스테리아에 입교할 수 있었다. (Apollodoros, *Library*, II. 5, 12.)

기원전 1세기 역사학자였던 디오도로스는 헤라클레스가 죄를 정화 받아야 했다는 사실과 소 미스테리아의 시작에 대해 다음과 같이 기술하고 있다.

데메테르는 헤라클레스를 위해 작은 미스테리아를 시작하였는데, 그 이유는 여신이 그[헤라클레스]가 켄타우로스들을 살해하면서 범한 죄를 정화하고자 했기 때문이다. (Diodoros, *Bibliotheca Historica*, IV. 14. 3.)

이 고역을 완성하는 것에 득이 될 것이라고 생각해서, 헤라클레스는 아테네로 갔고 엘레우시스 미스테리아에 참가하였는데, 그때는 오르페우스의 아들 무사이오스가 입교 의식을 주재하고 있었다. (Diodoros, *Bibliotheca Historica*, IV. 25. 1.)

마지막으로, 기원후 1세기 학자였던 플루타르코스는 『영웅전』 중 「테세우스 전」에서, 헤라클레스가 엘레우시스 미스테리아에 입문하는 과정에 대해 서술했다. 그는 헤라클레스가 엘레우시스 미스테리아에 참여하기 전에 정화를 받아야 했음을 분명히 밝히고 있다.

그러하기는 하지만, 두 영웅[헤라클레스와 테세우스]은 서로 대화를 많이 했으며, 테세우스의 적극적인 권유로, 헤라클레스는 엘레우시스 미스테리아에 입교하려 했으나, 여러 가지 무분별한 행동 때문에 입교하기 전에 먼저 엘레우시스에서 정화를 받아야 했다고 하는 역사가들의 기록은 매우 믿을 만하다고 사람들은 생각했다. (Plutarch, *Theseus*, XXX. 5.)

파니아시스를 제외하고 아폴로도로스, 디오도로스, 플루타르코스는 당대에 기록을 남긴 사람들이 아니기는 하지만, 네 사람이 공통적으로 언급하고 있는 것으로 보아, 후대의 기록들 역시 상당히 믿을 만하다고 할 수 있다. 네 개의 언급을 종합해보면, 헤라클레스가 엘레우시스 대 미스테리아에 입교하기 전 죄를 정화받는 의식에 먼저 참여하였음을 알 수 있다. 헤라클레스가 지하 세계로 내려가기 위해서는 엘레우시스 미스테리아에 입교해야 하지만, 지은 죄가 커서 바로 입교할 수 없었다. 그런 이유로 헤라클레스를 위한 정화 과정이 필요했다는 것이다. 헤라클레스를 위해 만들어진 이 정화 의식을 디오도로스는 '작은 미스테리아'라고 밝히고 있다. 물론 디오도로스를 제외하고 다른 사람들은 정화 의식을 소 미스테리아라고 직접적으로 언급하고 있지는 않는다. 하지만 엘레우시스 미스테리아에 참여하기 전에 행해졌던 정화 의식이라는 어구를 통해 짐작컨대, 아폴로도로스나 플루타르코스의 언급에서 나타난 정화 의식 역시 디오도로스가 말한 소 미스테리아라고 볼 수 있을 것이다.

헤라클레스를 위해 소 미스테리아가 생겨난 과정을 묘사한 기록들을 통해 알 수 있는 사실은 크게 두 가지라고 볼 수 있다. 첫째, 당시 사람들은 헤라클레스를 위해 정화 의식이 생겨났으며, 이를 소 미스테리아라고 인식하고 있었다는 것이다. 둘째, 실질적으로 소 미스테리아가 생겨난 시기가 언제인지는 명확하게 알 수 없지만, 대부분의 사람들은 대 미스테리 아보다는 이후에 생겨났던 것으로 생각하고 있었음을 알 수 있다.

고대 아테네인들은 소 미스테리아가 생겨난 것을 헤라클레스 신화와 관련하여 설명하고 있다. 이를 바탕으로 아테네인들이 인식하고 있었던 소 미스테리아 생성 시기를 추적해 보면 다음과 같다. 파로스연대기에 따르면, 15번째 열에 다음과 같은 내용이 등장한다. "[에우몰포스가 ……] 엘레우시스에 미스테리아를 확립하고 무사이오스[의 아버지]의 작품이 알려졌을 때부터, [11……, 에렉테우스]아들 판디온은 [아테네의 왕이었다.]" 연대기를 기반으로, 여기서 알 수 있는 것은 기원전 15세기경에 엘레우시스 미스테리아 중 대 미스테리아가 생겨났다는 것이다. 18번째 열에는 다음과 같은 기록이 있다. "헤라클레스가 …… 했던 때부터, 아이게우스는 아테네의 왕이었다." 기록이 소실되어 18번째 열에서 등장하는 헤라클레스가 무엇을 했는지는 정확하게 알 수 없다. 태어났다는 내용일 수도, 어떤 영웅적인 행동을 했다는 것일 수도 있다. 앞서 언급된 파니아시스, 아폴로도로스와 디오도로스의 기록을 보면, 헤라클레스는 에우몰포스를 찾아가 필리오스의 양자가 되었고, 트립톨레모스나 에우몰포스 혹은 오르페우스의 아들 무사이오스에 의해 미스테리아에 입교할 수 있었다. 이들의 기록과 파로스 연대기를 바탕으로 추정해보았을 때, 사료에서 언급된 인물들의 활동 시기는 크게 차이가 나지 않으며, 대개 기원전 13세기경으로 볼 수 있다. 다시 말해, 당시 사람들은 엘레우시스 소 미스테리아가 창설된 시기가 기원전 13세기경이었다고 인식하고 있었던 것이다.

당시 사람들이 소 미스테리아가 생겨났다고 인식하고 있었던 시기는 기원전 13세기였지만, 남아있는 사료들이 모두 후대의 것이기 때문에, 엘레우시스 소 미스테리아가 창설된 시기가 정확히 언제였는지는 밝히기

어려운 측면이 있다. 반면, 언제 이 의식이 공식화, 정기화되었는지는 어느 정도 짐작이 가능하다. 케르베로스를 잡으러 가는 헤라클레스에 관한 신화가 가장 먼저 언급되어 있는 기록은 기원전 8세기 호메로스의 『일리아스』와 『오디세이아』이다. 이 글에서는 헤라클레스가 케르베로스를 잡으러 가기 전에 엘레우시스 미스테리아에 귀의했다는 내용이 전혀 나타나지 않는다.[2] 더욱이 기원전 5세기 말~4세기 초의 엘레우시스 지역의 신성한 달력을 보면, 이 지역에서 소 미스테리아를 행했다는 기록을 찾기는 어렵다. 파로스 연대기와 헤라클레스 신화에 관한 기록 그리고 엘레우시스의 신성한 달력을 통해 알 수 있는 것은 소 미스테리아는 대 미스테리아와 다르게 엘레우시스에서 거의 행해지지 않았다는 것이다. 그리고 소 미스테리아가 확립되어 정기적인 의식으로 자리 잡은 것은 기원전 14세기, 즉 헤라클레스가 활동했다고 전해지는 시기까지 거슬러 올라갈 수도 없다는 것이다.

헤라클레스를 위해 소 미스테리아가 생겨났다는 기록들은 소 미스테리아의 생성 시기를 알려주고자 하는 기록일 가능성보다는, 오히려 의식을 위해 헤라클레스의 권위를 빌리고자 하는 의도가 있었을 가능성이 높다. 왜냐하면 헤라클레스가 케르베로스를 잡으러 가는 기록들 중에 기원전 8세기 기록에는 헤라클레스와 엘레우시스 소 미스테리아의 연관성에 관해 언급하지 않는다. 하지만 이후 기록들에서는 헤라클레스가 정화 의식에 참여했다는 것을 분명한 사실인 것처럼 언급하고 있다. 헤라클레스와 소 미스테리아 간의 연관성을 가장 먼저 언급한 문헌이 기원전 5세기였으며, 기원전 6세기 말부터 5세기에 헤라클레스가 매우 중요한 영웅이었다는 사실에 좀 더 관심을 가질 필요가 있다. 기원전 8세기 이후 기록들에서 소 미스테리아와 헤라클레스를 연관시킨 것은 소 미스테리아의 정통성을 고취시키고 헤라클레스의 인기와 영향력에 기대서 소 미스테리아를 널리 알리고자 했던 의도가 다분했었던 것은 아닌가 싶다. 특히 소 미스테리아는 엘레우시스보다는 아테네 지역과 더 밀접한 연관을 가지고 있었다는 점으로 미루어 보건대, 엘레우시스가 아테네로 편입된 이후 정례적으로 행해졌던 의식이었을 가능성이 더 높아 보인다.

소 미스테리아가 확립된 시기를 추정할 수 있는 몇 가지 단서가 있다. 우선, 헤라클레스와 소 미스테리아의 탄생을 연결시키고자 하는 시도가 있었음을 감안했을 때, 아테네에서 헤라클레스의 권위가 전성기를 누렸을 때와 관련이 있었을 것으로 판단된다. 다음으로, 아테네에서 소 미스테리아가 행해졌던 지역은 아그라이 지역이었는데, 이 지역에서 행해진 데메테르 숭배의 변화상을 통해서도 소 미스테리아 확립 시기를 알 수 있을 것이다.

먼저, 헤라클레스가 아테네에서 인기를 얻었던 시기는 도기화를 통해서 볼 때 기원전 6세기 중반 이후로 추정되며, 특히 기원전 530~510년경에 절정을 이룬다. 아테네 도기화 중에 헤라클레스 과업을 주제로 다루고 있는 가장 이른 시기의 그림은 기원전 6세기 중반에 그려진 것으로 보이는 레기오 Reggio 파편을 들 수 있다. 기원전 6세기 중반 이전에는 아테네 도기화에서 헤라클레스 과업에 관한 모습은 거의 보이지 않으며, 단지 기원전 590~580년경에 만들어진 코린토스의 컵 그림 정도에서 그의 과업에 대한 묘사가 등장한다.[3] 하지만 기원전 6세기 중반이 넘어서면 레기오 파편을 포함하여 헤라클레스의 과업에 관한 도기화는 그 양이 점차 많아지고, 기원전 6세기 후반경에는 도기화의 주제로 헤라클레스의 인기가 상당히 높아졌음을 알 수 있다. 헤라클레스는 본래 펠로폰네소스반도 출신의 영웅이었음에도, 이 지역의 예술품에 등장하는 헤라클레스 비율보다 아테네 도기화에 등장하는 헤라클레스 비율이 훨씬 높았다. 보드만은 이러한 통계를 통해 헤라클레스가 유독 인기를 얻었던 시기로 페이시스트라토스 시기를 주목하였다. 그는 이 시기에 헤라클레스가 아테네 예술에서 인기 있었던 이유에 대해서, 참주인 페이시스트라토스가 헤라클레스와 자신을 동일시하고자 했었기 때문이며, 이러한 그의 의도가 아테네인들의 당시 예술에 반영되었다고 주장하였다.[4] 이러한 상황 속에서 헤라클레스가 케르베로스를 잡아 오는 내용을 담은 도기화들 역시 기원전 6세기 말에 상당한 인기를 구가했던 것으로 보인다.

도기화를 자세히 살펴보기 전에, 헤라클레스가 케르베로스를 지상으로 끌고 오는 12번째 과업에 대해 먼저 알아보고자 한다. 12번째 과업에 관한 가장 이른 시기의 기록으로는 호메로스의 『일리아스』와 『오디세이아』가 있다. 그중에서 『오디세이아』의 내용은 다음과 같다.

> 나[헤라클레스]는 제우스의 아들이었지만, 끝없는 고난을 겪어왔다. …… 그[에우리스테우스]가 나에게 하데스의 개를 끌고 오라면서 여기 하데스에게 보냈다. 왜냐하면 그가 생각하기에 나에게 이보다 더 어려운 일이 없을 것이라고 생각했기 때문이다. 그러나 나는 하데스의 집으로부터 개를 끌고 나와 지상으로 올라왔다. 왜냐하면 헤르메스는 나의 길을 도왔고 빛나는 눈의 아테네가 있었다.

기원전 5세기 시인인 바킬리데스는 헤라클레스와 케로베로스에 대해 다음과 같이 언급한다.

> 그들이 말하길, 번개를 치는 제우스의 정복할 수 없는 아들[헤라클레스]

은 접근할 수 없는 에키드나의 아들인 뾰족한 이를 가진 개[케르베로스]를 하데스로부터 빛으로 데리고 나오기 위해 가냘픈 다리의 페르세포네의 집으로 내려갔다. (Bacchylides, *Fragment*, 5.)

『오디세이아』에서는 헤라클레스가 하데스의 개를 끌고 오라는 과제를 수행하는 데 있어서 헤르메스의 도움을 받았으며, 아테나가 지켜보고 있었다고 언급한다. 헤르메스의 도움과 아테나의 보호는 헤라클레스의 시련을 남다르게 여겼던 제우스의 제안으로 이루어진 것이라고 전한다. 반면, 바킬리데스의 기록처럼 호메로스 이후의 기록에서는 헤라클레스가 과업을 수행하는 과정에서 신들의 도움을 받았다는 언급은 거의 없다. 이는 후대로 갈수록 헤라클레스가 12번째 과업을 행함에 있어서 신들의 도움은 중요한 요소가 아니었음을 알 수 있다.

대부분의 문헌 사료와 다르게, 기원전 6세기 말 헤라클레스의 12번

그림 2 헤라클레스, 헤르메스 그리고 케르베로스(보스턴 박물관)[5]

째 과업을 묘사한 도기화에서는 몇몇 신들이 매우 빈번하게 등장하는데, 신들의 중요도 역시 점차 변화한다. 보스턴 박물관에 소장 중인 기원전 530~520년경에 만들어진 도기에 그려진 장면을 보면 헤라클레스, 케르베로스, 헤르메스가 등장하는데, 여기서 헤라클레스는 케르베로스를 끌고 나오고 있으며 이를 헤르메스가 돕고 있는 모습이 그려져 있다(그림 2).

일반적으로 기원전 6세기 중반 헤라클레스와 케르베로스 도기화는 위와 같은 장면이 그려진 경우가 많았다. 이는 『오디세이아』의 기록을 바탕으로 그려진 것이라고 판단된다. 이후 기원전 6세기 말이 되면, 케르베로스를 끌고 오는 헤라클레스를 주제로 하는 도기화에서 이전에는 없던 아테나 여신이 등장하는 빈도가 잦아진다. 루브르 박물관에 있는 한 도기화에서 이러한 모습을 볼 수 있는데, 아테나 여신으로 보이는 인물 앞에는 모자와 발에 달린 모양, 손에 들고 있는 지팡이로 볼 때 헤르메스임을 알수 있는 인물이 그려져 있고, 중앙에는 케르베로스가 있으며, 헤라클레스는 사슬로 케르베로스를 묶어 끌어당기고 있는 모습으로 그려져 있다. 보스턴 박물관에 있는 또 다른 도기화에서도 이와 유사한 형태의 모습을 확인할 수 있다. 투구를 쓰고 무장을 한 아테나 여신이 서 있고, 그 옆에는 케르베로스를 달래는 것처럼 보이는 헤라클레스가 자리하고 있으며, 그뒤로는 홀을 들고 다리에 날개를 단 헤르메스가 서 있다. 마지막으로 기둥 뒤편에 있는 인물은 머리에 왕관을 쓰고 있는 모습을 보았을 때 지하의 여신 페르세포네로 추정된다.

케르베로스 신화를 묘사한 도기화 외에도, 기원전 6세기 말에 생산된 일부 도기화에서는 헤라클레스의 정화 의식을 직접적으로 묘사하기도 했다. 벨기에 브뤼셀 박물관에 소장된 기원전 520년경 도기화를 보면 3명의 인물이 등장하는데, 한 인물은 헤라클레스의 조카인 이올라오스로 추정되며, 반대편에 있는 인물은 앞에 그려진 몽둥이로 보았을 때, 헤라클레스로 추정된다. 이 둘 사이에 있는 사람은 횃불 두 개를 들고 있는 모습이 미스테리아 최고 사제였던 히에로판테스라고 볼 수 있다. 이들의 머리에는 도금양으로 만든 관이 있고, 손에는 바코스를 들고 있는 것이 입교자로서 정화 의식을 하고 있는 모습이라고 할 수 있다. 의례를 묘사한 이 도기화를 보면, 헤라클레스의 정화 의식이 대 엘레우시스 미스테리아에서 행해졌던 입교 의식과는 다른 것이었음을 분명히 알 수 있다.

기원전 6세기 헤라클레스 관련 도기화를 살펴보면, 두 가지 점에서 주목할 필요가 있다. 첫째, 페르세포네의 등장이 빈번해졌다는 것이다. 페르세포네는 기원전 1세기 플루타르코스 기록에서는 중요한 여신으로 등장하기도 하지만, 그 이전 기록에는 전혀 언급되지 않는 여신이었다. 그럼에도 페르세포네는 지하의 여신으로 도기화에 여러 번 등장한다. 이는 페르세포네가 소 미스테리아를 상징하고 있기 때문이라고 볼 수 있다. 소 미스테리아는 안테스테리온 달(2/3월)에 행해지는데, 안테스테리온은 봄이 시작되는 달이자 모든 것이 생성하는 달이었다. 이런 이유로 소 미스테리아는 데메테르보다는 페르세포네를 중심으로 이루어지는 의식이었을 것이다. 다시 말해, 도기화에 페르세포네가 등장하게 되는 것은 헤라클레스와 소 미스테리아와의 관계를 상징적으로 보여주고자 하는 의도였음을 알 수 있다.

둘째, 아테나 여신이 신화에서 묘사되는 모습보다 더 중요한 인물로서 그려지며, 중요도가 점차 증대하고 있다는 사실이다. 헤라클레스가 케르베로스를 데리고 오는 장면을 묘사한 많은 기록 중에서 아테나 여신이 언급되고 있는 기록은 호메로스의 『오디세이아』뿐이며, 이 기록에서도 헤르메스에 비해 아테나 여신은 단지 지켜보는 주변 인물에 불과하다. 그럼에도 도기화에서 아테나 여신은 무장을 한 모습으로 묘사되며, 점차 헤르메스보다 중요하게 등장하기도 하고, 때로는 케르베로스를 제압하는 인물이 아테나 여신인 것처럼 묘사되기도 한다. 도기화에 나타난 아테나 여신은 신화에서보다 훨씬 중요한 인물로 나타나는데, 이는 아테나 여신을 통해 보여주고 싶은 것이 있었음을 짐작할 수 있다.

도기화에서 아테나 여신이 주요 인물로 등장하게 된 이유를 알아보기 위해서는 우선 아테나가 등장하는 도기화가 만들어진 시기에 관심을 가질 필요가 있을 것이다. 기원전 520년경을 전후로 만들어진 도기화들에서 아테나 여신은 무장을 한 모습으로 등장한다. 이 시기는 페이시스트라토스와 그의 아들들이 아테네를 통치하던 시기로, 이 시기 도기화에서 아테나 여신의 역할이 강화되어 헤라클레스의 임무를 적극적으로 도와주는 것처럼 묘사된 것은 시사하는 바가 크다고 할 수 있다. 다시 말해 기원전 6세기 말에 이러한 현상이 일어난 것은 정치적 의도가 다분히 가미된 결과라고 할 수 있다.

결론적으로, 헤라클레스와 소 미스테리아의 관계를 보여주는 도기화의 인기가 정점을 이루었던 시기는 기원전 6세기 후반이었으며, 이는 페이시스트라토스와 그의 아들들이 아테네를 장악했던 시기였다. 페이시스트라토스는 아테네의 영향력을 확대하고 자신의 영광을 드높이기 위해 노력했었다. 그가 집권했던 시기에 헤라클레스와 케르베로스를 주제로 하는 도기화에서 아테나 여신은 무장을 한 중요한 인물로 그 위상이 점차 높아졌다. 더욱이 도기화에서 이전 기록에는 전혀 언급되지 않던 페르세포네가 아테나 여신과 함께 등장하는 것은 엘레우시스 소 미스테리아를 행함에 있어서 아테네의 역할이 지대했음을 나타내는 것이라고 할 수 있다. 이를 통해 페이시스트라토스와 아테네는 소 미스테리아의 확립과 소 미스테리아를 주도했던 것은 아테네였다는 이미지를 확고히 하고자 했던 의도를 다분히 내포하고 있었음을 짐작할 수 있다.[6]

엘레우시스 소 미스테리아의 확립 시기를 알 수 있는 또 다른 실마리는 소 미스테리아가 거행되었던 지역을 살펴봄으로써 판단할 수 있다. 소 미스테리아가 행해지던 지역은 아테네 아크로폴리스 남동쪽 일리소스의 아그라이 지역이었다. 이 지역은 아테네 최초의 거주지가 있었던 곳이었는데, 이후 아테네가 아크로폴리스 북서쪽까지 영향력을 확대하면서 현재의 모습을 띠게 되었다.[7] 이 지역에는 안테스테리온 달에 행해지던 데메테르와 관련된 오래된 지역 의례가 있었다. 데메테르 의례가 오래전부터 있었다는 사실은 두 가지 근거를 바탕으로 짐작할 수 있다. 먼저, 일반적으로 데메테르 의례의 제단이라고 생각되는 메가론이 아그라이 지역에서 발굴되었다는 점이며, 다음으로 그 지역의 성소가 '테스모포리움'이라고 불렸다는 사실에서 알 수 있다. 이처럼, 이 지역의 데메테르 숭배는 아테네의 매우 오래된 의례 중에 하나였지만, 그 존재나 형태가 두드러진 것은 아니었기 때문에[8] 이후 소 미스테리아로 변화한 것으로 보인다.

아테네 세력이 확대되어감에 따라 아그라이 지역의 데메테르 성소를 대체할 만한 새로운 데메테르 숭배의 중심지가 아크로폴리스 북서쪽에 생겨났다. 성소와 아고라의 이동이 행해졌던 시기는 기원전 6세기경으로 추정된다. 물론 기원전 6세기 이전부터 아크로폴리스 북서쪽에 신전이 새롭게 지어지는 등 주요 신전들의 이동을 짐작할 만한 움직임이 있기는 했지만, 아고라와 같은 생활 중심지 전반이 아크로폴리스 북서쪽으로 옮겨지는 데 지대한 영향을 미친 사람은 페이시스트라토스라고 할 수 있다.

페이시스트라토스가 중심지를 이동하게 된 것은 정치적 이유가 가장 큰 몫을 차지했다고 할 수 있다. 아티카는 본래 부족의 사회적 구분이었던 프라트리아, 즉 형제단에 의해 운영되었기 때문에, 다른 지역과 분쟁이 있었을 경우 프라트리아에 속한 사람들은 무장을 하고 아고라에 모이는 것이 일상적이었다. 하지만 이는 정권을 잡은 자에게 있어서는 매우 위협적인 행동이었기 때문에, 참주였던 페이시스트라토스는 이를 멈추게 하고자 했다. 이를 위해 그는 아고라를 북서쪽으로 이동시키는 데 적극적이었으며, 이와 더불어 여타 중요한 성소들도 이동하게 되었던 것으로 보인다. 이때부터 도시 생활은 구 아고라 지역과 현재 남아있는 아고라로 나뉘었다고 할 수 있다.[9] 페이시스트라토스의 이러한 정책으로 인해, 아그라이 지역의 데메테르 성소와 엘레우시니온의 구별은 점차 분명해졌을 것이며, 기원전 6세기 솔론 시기에 형성되었던 엘레우시니온은 점차 데메테르 중심 성소로 자리매김했을 가능성이 높다. 반면, 권위를 잃은 아그라이 성소는 새로운 길을 모색해야만 했을 것으로 추정된다.

오래전부터 존재했던 아그라이의 데메테르 신전과 숭배 의식이 그 명맥을 유지하는 방법은 아마도 엘레우시스 미스테리아와 연관성을 맺는 것이었다. 기원전 6세기경 엘레우시스 소 미스테리아가 아그라이 지역의 데메테르 숭배를 흡수하면서, 지역 의례는 공동체의 종교로 거듭났고 명성과 과정상의 체계를 갖추게 되었을 것이다. 이와 더불어 아테네 사람들은 오래된 의식과 새롭게 확립된 의례를 결합시킴으로써 이 의례의 정통성과 역사성을 확보할 수 있었을 것이며 아테네의 주도성을 공고히 할 수 있었을 것이다.

결론적으로, 엘레우시스 소 미스테리아가 확립된 시기는 페이시스트라토스와 그의 아들들이 통치하던 시기였다고 보는 것이 타당할 것이다. 우선, 헤라클레스와 케르베로스 도기화에서, 소 미스테리아를 상징하는 페르세포네가 그려진 도기화와 아테나 여신이 중요한 신으로 등장하는 도기화는 주로 기원전 530~510년 사이에 등장한 것으로 보인다. 여기에 더해서, 헤라클레스의 입교 의식을 그린 도기화 역시 이 시기의 그림으로 판단된다. 다음으로 아테네에서 데메테르 성소를 비롯하여 신전의 중심지가 변화했던 시기는 기원전 6세기 엘레우시스가 아테네로 통합된 이후였다. 특히 페이시스트라토스 시기에 본격적으로 중심지의 이동이 이루어지면서 엘레우시니온의 중요성이 증대되었고, 상대적으로 힘을 잃어가던 아그라이 지역의 데메테르 숭배가 소 미스테리아와 결합되었을 것으로 짐작된다. 도기화와 성소를 근거로 판단컨대, 소 미스테리아가 확립된 시기는 페이시스트라토스와 그의 아들들이 참주였던 시기였음을 알 수 있다.

아테네 영웅과 신의 등장

『데메테르 찬가』에서 등장하는 주요한 신들로는 이야기의 줄기를 형상하는 데메테르와 페르세포네가 있으며, 이외에 중요하게 등장하는 신으로는 헤카테와 헤르메스를 들 수 있다. 이들 외에 등장하는 신들로는 하데스, 제우스, 플루토스 등이 있다. 여기에 더해, 『데메테르 찬가』에는 엘레우시스의 많은 영웅들도 등장하는데, 켈레오스와 같은 엘레우시스의 왕과 에우몰포스와 트립톨레모스와 같은 엘레우시스 귀족들이 있다. 기원전 6세기 이전까지 남아있는 사료가 『데메테르 찬가』밖에 없는 관계로, 엘레우시스 미스테리아와 관련된 신들이 전 시기에 어떠한 변화를 겪었는지 알기는 어렵다. 하지만 기원전 6세기 말 페이시스트라토스 시기가 되면, 남아있는 사료와 도기화를 통해 변화상을 추적할 수 있다.

페이시스트라토스와 그의 아들들이 아테네를 다스리던 시기가 되면, 엘레우시스 미스테리아와 관련이 있던 신들과 영웅들이 묘사된 예술품들이 이전에 비해 다량 생산된 것으로 생각된다. 왜냐하면 이때부터 아테네가 도기 생산과 수출에 관심을 기울이면서 그 토대가 마련되었기 때문이다. 아테네가 도기를 많이 생산하면서, 엘레우시스 미스테리아와 관련해서도 매우 다양한 주제들의 도기화가 만들어졌다. 데메테르와 페르세포네가 주인공으로 등장하는 도기라든지, 페르세포네의 귀환을 주제로 하는 도기화, 페르세포네와 하데스가 등장하는 도기처럼 중심이 되는 신들을 묘사한 것뿐만 아니라, 이전 시기와는 다른 모습으로 인물의 성격과 형태 그리고 지니게 되는 지물이 변화하는 신과 영웅들이 도기화에 등장하기 시작했다.

이탈리아 나폴리의 아스타리타 컬렉션 중 기원전 6세기 중반경의 도기화에는 두 여성 인물이 그려져 있다. 두 명의 여성이 쌍으로 등장하는 모습이나 손에 들고 있는 것이 곡물 이삭인 것으로 보아, 여기에 등장하는 인물들은 데메테르와 페르세포네로 추정할 수 있다. 두 여신 뒤에 서 있는 동물은 사자로 보이는데, 사자는 키벨레 여신과 밀접한 관련 있는 동물로 페르시아의 영향력과 두 여신이 지모신의 역할을 한다는 측면을 모두 내포하고 있다고 볼 수 있다. 아테네 고고학 박물관에 있는 기원전 530년경 도기화에는 데메테르가 페르세포네에게 화관을 건네주는 모습으로 추정되는 그림이 있는데, 의자에 앉아 있는 인물은 데메테르이며, 그 앞에 이삭을 들고 있는 여성은 페르세포네일 것이다. 데메테르 뒤쪽으로 위치해 있는 사람들은 아마도 데메테르를 숭배하던 자들을 묘사하고 있는 것으로 보인다.

독일 드레스덴 박물관에 소장된 기원전 530년경 도기화(그림 3)는 페르

그림 3 페르세포네, 헤르메스 그리고 사티로스(드레스덴 박물관)

세포네의 귀환을 주제로 하고 있는데, 모자를 쓰고 있는 헤르메스가 그려져 있으며, 헤르메스 앞에 땅에서 솟아오른 것처럼 보이는 여성이 페르세포네이다. 그리고 그들 주변에 머리에 뿔이 달린 모습으로 뛰어다니는 것들은 사티로스일 것이다. 사티로스는 일반적으로 디오니소스를 모시는 무리들로 등장하는데, 페르세포네의 귀환 장면에서 등장하는 것은 매우 특이하다고 볼 수 있다. 이는 페르세포네의 귀환을 축하하는 의미를 강조하는 측면에서 그려졌을 수 있으며, 데메테르 축제와 디오니소스 축제 간에 연관성이 존재했음을 나타내는 것이라고도 볼 수 있다. 왜냐하면 엘레우시스 미스테리아 외에 내세에 대한 의식을 포함하고 있는 것은 오르페우스교였으며, 이 의식은 디오니소스와 관련이 있는 미스테리아였다.

기원전 530년 전후에 만들어진 엘레우시스 성소 건물의 페디먼트는 아테네가 데메테르 성소를 건축하는 과정 중에 만들어진 것으로 추정되는

엘레우시스 미스테리아_고대 그리스 비밀 종교의식

데, 이 페디먼트 조각상은 페르세포네의 납치 혹은 귀환 장면을 묘사한 것이라고 할 수 있다. 가장 중앙에는 마차에 탄 하데스가 페르세포네를 끌어안고 있음을 확인할 수 있다. 그리고 마차의 고삐를 잡고 이를 끌고 있는 아이는 날개가 달린 모습으로 보건대 사랑의 신인 에로스일 것이다. 마차 앞쪽으로는 헤카테와 날개 달린 모자를 쓴 헤르메스가 보이고 마차 뒤쪽으로는 무장을 하고 있는 모습이 아테나이며, 그 뒤쪽으로는 활을 들고 있는 모습이 아르테미스로 추정되는 인물이 서 있다. 여기서 헤카테는 두 개의 횃불을 들고 있으며, 헤르메스는 마차를 이끌고 있고, 아테나와 아르테미스는 페르세포네를 납치하고 있는 하데스의 마차를 쫓고 있는 모습으로 그려져 있다. 마지막으로 독일 뮌헨의 국립 고대미술 전시관에서 소장 중인 기원전 6세기 중반경의 도기화에는 세 명의 인물이 등장한다. 나체로 목도리만 두른 남성은 자루 같은 것을 들고 있는 것 외에 신분이나 인물을 파악할 만한 지물이 없는 것을 보았을 때 특정한 인물을 그리는 것이라고 보기 힘들 것이다. 이 남성 뒤쪽에 이삭을 들고 있는 여성은 페르세포네일 것이며, 자루를 들고 있는 남성 앞쪽에 앉아 있는 나이든 남성은 아마도 하데스일 것이다. 이를 바탕으로 추정하건대, 페르세포네와 하데스와 함께 등장한다는 측면에서 아마도 중앙에 그려진 인물은 미스테리아에 입교한 자라고 보는 것이 타당할 것이다. 이 시기 페르세포네는 주로 이삭을 들고 있는 젊은 모습으로 묘사되었으며, 중심인물로 그려지는 경우는 매우 드물었다.

아테네의 참주였던 페이시스트라토스가 다스리던 시기가 되면, 『데메테르 찬가』에서는 별로 주목받지 못했던 부의 신 플루토스와 엘레우시스의 귀족이었던 트립톨레모스의 위상이 높아진 것으로 보인다. 우선 『데메테르 찬가』에서 그려진 플루토스는 단순히 엘레우시스에 부를 가져다주기 위해 보내진 축복의 상징이었다. 하지만 이 시기가 되면, 도기화의 중심인물로 등장하기 시작한다.

이탈리아 레기오 박물관에 있는 도기 중 하나에 그려진 플루토스는 그가 그려진 가장 이른 시기의 그림으로 추정되는데, 기원전 6세기 중반의 것이다. 이 도기화는 부분적으로 남아있는데, 도기화에 쓰인 ΠΛΟΤΟΔΟΤΑΣ(플로토도타스)라는 글자 때문에 그림에 그려진 인물이 플루토스임을 확신할 수 있다. 그는 길게 수염이 나 있고 나이가 지긋한 모습으로 묘사되어 있다. 그 앞으로는 ΤΡΙΠΤΟΛΕΜΟΣ(트립톨레모스)라는 글자로 보아 엘레우시스의 영웅 중 한 명인 트립톨레모스임을 알 수 있다. 그는 손에 곡물 이삭을 쥐고 있는 모습으로 그려져 있다.

기원전 530년경에 만들어진 독일 하이델베르그 박물관에 있는 도기에 그려진 플루토스는 풍요의 뿔을 들고 있는 모습으로, 헤르메스와 실레노스가 같이 등장한다. 앉아 있는 인물이 풍요의 뿔을 들고 있는 플루토스이며, 그의 등 뒤에 모자를 쓰고 손에 지팡이를 들고 서 있는 모습으로 그려진 인물이 헤르메스이다. 그리고 플루토스 앞에는 손에 북을 들고 춤을 추는 실레노스가 있다. 이 도기화에서도 레기오 박물관의 그림과 동일하게, 플루토스는 화려한 옷을 입은 나이 든 모습으로 묘사된다. 이러한 모습은 지하의 신 하데스를 그리는 방식과도 매우 유사하다.

기원전 6세기 후반에 만들어진 아테네 고고학 박물관의 암포라에는 플루토스와 한 여성이 등장한다. 여기서 플루토스는 손에 풍요의 뿔을 들고 서 있는데, 노년이 아니라 장년의 모습을 하고 있다. 그와 마주하고 있는 여성은 오른손에 홀을 들고 있고 왼손은 땅에서 자라나는 줄기를 잡고 있다. 이를 보았을 때, 이 여성은 데메테르일 것으로 추정된다.

루브르 박물관에서 소장하고 있는 기원전 6세기 후반 도기에는 플루토스와 페르세포네가 등장하는 장면을 담고 있는 것이 있는데, 여기서 플루토스는 왼손에 풍요의 뿔을 들고 있고 오른손에는 홀을 들고 있다. 이 남성 역시 장년의 모습을 하고 있다. 마주 보고 서 있는 여성은 오른손에는 술잔으로 사용하던 킬릭스를, 왼손에는 항아리로 사용하던 히드리아를 들고 있다. 이 여성은 아마도 페르세포네일 것이다. 이 장면에 등장하는 플루토스 역시 하데스의 모습을 내포하고 있다고 볼 수 있다. 왜냐하면 남녀 한 쌍이 등장하며, 페르세포네와 짝을 이루는 존재는 하데스이기 때문이다.

기원전 6세기 후반 도기에 등장하는 플루토스는 하데스, 즉 플루톤과 동일시될 수 있는 면모를 많이 지니고 있다. 이 시기에 묘사된 플루토스는 장년 혹은 더 나이 든 외모를 갖고 있는 신으로 묘사된다. 게티 박물관에 소장된 기원전 4세기 플루토스를 묘사한 대표적인 도기화(그림 4)를 보면 이전 시기의 플루토스의 모습과 확연히 구분이 가는 측면이 있다. 게

그림 4 플루토스와 데메테르(장 폴 게티 박물관)[11]

티 박물관의 그림에서 플루토스는 어린아이의 모습으로 그려져 있다. 이는 『데메테르 찬가』에서 등장하는 그의 역할에 더 부합하며, 플루토스가 보통 데메테르의 아들로 언급되는 것을 감안했을 때도 젊은 모습으로 그려지는 것이 더 설득력이 있을 것이다. 그럼에도 기원전 6세기 말 플루토스가 도기화의 중요한 인물로 그려지기 시작했던 시기에 플루토스의 외향은 장년이거나 노년에 가까운 모습을 띠고 있다. 이러한 외모적 특징은 전형적인 플루토스라기보다는, 지하의 신인 플루톤의 성격을 갖고 있는 플루토스라고 보는 것이 타당할 것이다.

플루토스와 플루톤은 명칭의 유사함뿐만 아니라 둘 다 부와 관련이 깊다는 특징 때문에 동일시되는 측면이 분명히 있었다. 플루토스와 플루톤을 동일시했다는 것은 기원전 5세기 아나크레온의 시에서도 그 흔적을 찾을 수 있다. "만약 플루토스가 황금을 위해 인간에게 삶을 제공했다면, 나는 이를 계속 저장하고 있을 것이다. 왜냐하면 만약 타나토스(죽음)가 오면, 그는 약간의 부를 가져가는 대신 그냥 나를 지나칠 것이기 때문이다."12 여기서 플루토스는 삶과 죽음에 관여하는 모습으로 등장한다.

이는 하데스의 일부 성격을 나타내주는 것이라고 볼 수 있다. 이후 시기의 것이기는 하지만 기원전 350년경의 봉헌 부조를 보면, 플루토스와 플루톤이 같은 상징물을 가진다는 것을 알 수 있다. 이 봉헌 부조의 맨 오른쪽에 위치한 긴 카우치에 기대어 있는 사람은 하데스로 플루토스가 아니다. 하지만 하데스는 오른손에 풍요의 뿔을 들고 있다. 그 앞에 있는 여성은 페르세포네이며, 그 뒤에 작은 인물들은 숭배자들을 나타내는 것으로 볼 수 있다. 이 봉헌 부조에서 하데스는 플루토스의 지물인 풍요의 뿔을 들고 있으며, 기원전 5세기 중·후반에 플루토스의 모습과 매우 유사하다.

다음으로 『데메테르 찬가』에서 등장하는 모습과 다르게 그 중요성과 위상이 변화한 인물로는 트립톨레모스를 들 수 있다. 미스테리아를 전수받았던 트립톨레모스가 농업과 관련된 인물로 처음 등장한 것은 기원전 6세기 후반 도기화에서였다. 트립톨레모스를 도기의 주제로 채택하기 시작한 사람들은 기원전 540년에서 520년경에 주로 활동한 스윙 화가였다. 그의 도기화에 나타나는 트립톨레모스는 손에 곡물의 이삭을 쥐고 있으며, 사람들에게 곡물 수확의 방법을 지도하는 수염이 있는 남자의 모습이거나 바퀴 달린 의자에 앉아 있는 모습으로 그려진다. 이후 기원전 525부터 기원전 500년경에 활동한 리그로스 화가들도 트립톨레모스를 도기화에 그렸는데, 여기서 트립톨레모스의 바퀴 달린 의자는 날개가 가미된 모습으로 변화한다. 이는 일반적으로 트립톨레모스가 곡물을 전 세계에 퍼뜨리기 위해 땅과 바다를 빠르게 옮겨 다녔다는 이미지를 시각적으로 보여주기 위한 것으로 생각된다. 기원전 6세기 후반의 도기화에서는 트립톨레모스가 디오니소스와 함께 등장하기도 한다. 디오니소스와 함께 트립톨레모스가 등장할 때는 트립톨레모스가 날개가 없는 마차 혹은 팔걸이가 있는 의자에 앉아 있으며, 디오니소스는 날개 달린 마차에 앉아 있는 모습으로 그려진다. 이처럼 스윙 화가와 리그로스 화가가 활동하던 시기를 거치면서 도기화에 나타나는 트립톨레모스의 형상은 점차 특별한 마차를 사용하는 영웅의 모습으로 변모한다.

문헌 사료에 나타나는 트립톨레모스의 이미지와 위상도 페이시스트라토스 시기에 변화가 있었던 것으로 추정된다. 헤로도토스와 파우사니아스의 기록에 따르면, 페이시스트라토스의 아들 히피아스의 친구였던 시인 오노마크리토스는 예술의 신들인 무사이오스의 신탁을 편찬하였는데, 트립톨레모스에게 더 큰 역할과 영광을 주기 위해 무사이오스의 권위를 빌려서 그에 대한 시들과 신탁을 지었던 것으로 생각된다. 트립톨레모스는 페이시스트라토스 시기에 어떠한 목적에 의해 역할이 증대되었다는 것을 알 수 있다. 이는 페이시스트라토스 시기 이후부터 아테네가 엘레우시스 지역과 엘레우시스 미스테리아에 대한 관심과 영향력을 확대하고자 했던 것과 상통하는 면이 있다고 볼 수 있다.

트립톨레모스의 위상이 얼마나 변화했는지는 기원전 7세기경에 기록된 『데메테르 찬가』에서 나타나는 트립톨레모스의 임무와 비교하면 확실히 알 수 있다. 『데메테르 찬가』에서의 트립톨레모스는 데메테르로부터 미스테리아를 전수받은 여러 영웅 중 한 명이기는 했지만, 그가 농업에 관한 지식과 방법을 배웠다는 내용을 찾아보기는 힘들다. 그런데 도기화에서는 미스테리아보다는 농업과 곡물을 전 세계에 분포한 자로 나타난다.

도기화를 제외하고 농업의 분포자라는 트립톨레모스의 역할이 처음 어디에서 등장했는지는 알기 어렵다. 단지 짐작할 수 있는 것은 페이시스트라토스 시기에 포도 재배에 대한 아테네의 관심을 표현하기 위해 디오니소스가 아테네의 상징으로 부각되었던 것처럼, 트립톨레모스 역시 아테네에서 농업을 대표하는 인물로 중요시되었던 것으로 보인다. 트립톨레모스나 디오니소스 둘 다 농업과 관련된 영웅과 신인 것을 감안했을 때, 이 둘을 중요시한 것은 페이시스트라토스와 그의 아들들이 농업의 중요성을 인식했기 때문일 것이며, 디오니소스 의식과 엘레우시스 미스테리아를 발전시켜 국제적인 종교의식으로 만들고자 했던 그들의 정책과 의도가 있었기 때문으로 판단된다.[13] 페이시스트라토스와 그의 아들들의 이러한 정책이 가능했던 것은 아테네인들 역시 엘레우시스 미스테리아에 입교하는 데 적극적이었으며, 아테네가 농업을 전파했다는 이미지를 형성하고 확산시키는 데 관심이 많았기 때문이었을 것이다.[14]

제 4 장

고전기

제4장

고전기

엘레우시스 대 미스테리아의 변화

기원후 2세기 비문들을 바탕으로 알려진 엘레우시스 미스테리아 기간은 공식적인 행사가 있었던 8일과 군사 훈련을 하던 어린 남자들인 에페보이아가 히에라를 아테네로 가져오는 이틀을 합쳐서 10일간이었다고 볼수 있다. 하지만 엘레우시스 미스테리아는 본래 엘레우시스에서 행해지던 종교 행사였기 때문에, 아테네에서 행해진 것으로 알려진 의례들은 엘레우시스가 아테네로 병합된 이후에 새롭게 생겨났거나 엘레우시스에서 아테네로 이관되었을 것이라고 짐작할 수 있다. 앞에서 살펴보았듯이, 우선 아테네가 엘레우시스를 병합했던 솔론 시기에 엘레우시스 미스테리아 행사 중 희생제나 정화 의식과 같은 일부 행사가 아테네로 옮겨졌던 것으로 추정된다. 페이시스트라토스 시기에는 새로운 미스테리아인 소 미스테리아가 확립되었던 것으로 보인다. 이러한 변화는 엘레우시스 미스테리아에 대한 아테네의 장악력이 점차 증대되는 과정에서 이루어졌다고 할 수 있다.

엘레우시스 미스테리아의 변화는 페르시아 전쟁 이후에도 계속된 것으로 보이는데, 특히 엘레우시스 대 미스테리아 의례 중에 일부 의례들이 변화했던 것으로 추정된다. 대표적으로 보에드로미온 달 18일과 19일에 행해지던 의례의 성격과 특징이 변한 것으로 보이는데, 변화가 일어난 시기에 따라서 19일을 먼저 살펴보고자 한다. 19일은 엘레우시스 대 미스테리아 중 5번째 날로 이아코스 혹은 폼페로 알려져 있었으며, 아테네에서 행해졌던 축제 중 절정에 해당되는 날이었다. 이날이 중요했던 이유는 아테네에 잠시 머물렀던 '신성한 물건'인 히에라를 다시 엘레우시스로 돌려보내기 위해 행렬이 조직되어 엘레우시스로 출발하는 날이었기 때문이다. 이 행렬에는 히에라를 보호하는 에페보이아, 미스테리아에 입교하고자 했던 미스타이, 의식을 주관하던 사제 등 다양한 사람들이 함께 참여했다고 알려져 있다.

행렬이 엘레우시스로 향할 때, 행렬에서 숭배되었던 중요한 신상 중 하나가 이아코스였으며, 이는 이날을 부르는 명칭에 그대로 반영되어 있다. 이아코스가 중요했던 이유는 히에라를 옮기는 행렬에 반드시 동행되었기 때문이다. 이아코스는 본래 행렬에서 사람들이 외치는 함성이었던 '이아케', 즉 승리의 외침이었으나[1] 점차 그 형태가 횃불을 들고 두 여신을 수행하는 젊은 남자로 발전하였고, 더 나아가 디오니소스와 동일시되기도 했던 것으로 보인다.

이아코스와 히에라를 동반한 행렬은 신성한 길을 따라 아테네에서 엘레우시스로 향했다. 2세기경 여행가였던 파우사니아스는 그 과정에 대해 상세한 기록을 남겼다.

[행렬에 참여했던 사람들은] 신성한 길 위에 있던 파르네스라는 작은 언

덕을 돌아갔고 결국 레이토에 도착했다. 그곳이 레이토라고 불린 것은 그곳이 흐르는 강과 닮아 있었기 때문이다. 이 강물은 소금기가 섞여 있었다. 사람들은 그곳의 강물이 더 낮은 바다로 떨어지는 것을 칼키데온 에우리포스 Χαλκιδέων Εὐρίπου 로부터 땅 아래로 떨어지는 것을 형상화한다고 생각했을 것이다. 레이토는 소녀[페르세포네]와 데메테르에게 봉헌되었고, 이로 인해 신성화되었다고 전해진다. 그리고 사제들만이 그곳에서 물고기를 잡을 수 있도록 허락되었다. 내[파우사니아스]가 아는 것처럼, 엘레우시스와 나머지 아테네 지역 사이의 경계였던 레이토는 그 역사가 오래되었다. (Pausanias, *Description of Greece*, I. 38. 1.)

비록 후대의 기록이기는 하지만, 레이토에 대한 그의 지적은 매우 신빙성이 있다고 볼 수 있다. 레이토 다리가 중요한 장소였음은 기원전 422/21년 비문에서도 잘 나타나 있는데, 이 비문은 레이토 다리의 보수에 관한 내용을 담고 있다. "아테네와 엘레우시스 사이에 있는 두 개의 호수를 건너기 위해 엘레우시스에 있는 파괴된 아르카익 시기 텔레스테리온으로부터 그 자재를 가져와서 이[레이토 다리]를 건설하라. 그 다리는 엘레우시스 미스테리아에 입교하고자 하는 사람들을 위해 엘레우시스로 가는 아테네인들을 위한 신성한 길의 일부분을 형성하기 때문이다."[2] 여기서 주목해야 할 사실은 비록 파괴된 신전이기는 하지만 텔레스테리온의 파편으로 레이토 다리를 보수하도록 지시했다는 점이다. 이는 레이토 지역이 지역적인 측면에서 엘레우시스와 아테네의 경계였을 뿐만 아니라, 성역화된 곳으로 종교적인 측면이 강했기 때문이었을 것이다.

입교자들은 레이토 호수를 건넌 후, 크로코시스 κρόκωσις 라고 알려진 특별한 의식을 행했다. 이 의례는 도착한 지역에 첫 번째 거주자라고 알려

진 전설적인 크로코스로부터 유래된 의식으로, 크로코스의 후손들은 입
교자들의 오른쪽 손과 왼쪽 다리에 사프론 색깔의 끈 형태인 나무로 만든
크로케를 매어 줄 수 있는 특권이 있었다.[3] 크로코시스 이후 얼마간의 휴
식을 취한 뒤, 횃불을 동반한 행렬은 엘레우시스 변방의 케피소스를 지나
엘레우시스 성소로 계속 이동했다. 이 과정에서 얼굴을 감춘 사람들은 조
용하게 지나가는 사람들에게 모욕적인 언사를 퍼부었다. 이 모욕적인 언
사의 대상이 되었던 대부분은 행렬에 참여한 자들 중에 정치적으로나 사
회적으로 유명하고 명망 있는 시민들이었다. 이러한 욕설은 즐겁고 떠들
썩한 분위기에서 행해졌던 것으로 보이는데,[4] 높은 지위의 사람들에게 모
욕을 주는 것은 그들이 겸손해지고 악령들의 질투를 피할 수 있는 방법이
라고 당시 사람들이 믿었기 때문이었다.

행렬이 엘레우시스 데메테르 성소에 도착하면 축하연이 이어졌다. 행
렬에 참여했던 사람들은 그날 밤에 성소 앞에 있던 칼리코론 우물 근처에
서 춤을 추고 노래를 하며 즐겼다. 칼리코론 우물 근처에서 추던 춤은 그
역사가 오래된 것으로 이에 대해서는 기원전 5세기 3대 비극 작가 중 한
사람이었던 에우리피데스의 『이온』에도 잘 그려져 있다.

코러스 : 데메테르의 따님이시며, 갈림길의 여신[헤카테]이시여. 그대는
밤에 길을 왕래하는 모든 것을 다스리십니다. …… 에렉테우스의 자손
들 궁전을 차지하려는 자에게로 인도하소서. 고귀한 에렉테우스의 자
손 외에 이방에서 온 다른 사람들은 아무도 우리 도시를 다스리지 않았
으면 합니다. …… 나는 수많은 찬가가 바쳐지는 신을 대하기가 민망하
리라. 만일 제우스의 별이 총총한 하늘도 춤추기 시작하고, 달의 여신
도 춤추고, 네레우스의 쉰 명의 딸들도 바다와 영원히 흐르는 강들의 소

용돌이 속에서 황금관을 쓴 처녀[페르세포네]와 그녀의 존경스러운 어머니[데메테르]를 위해 춤출 때, 그 소년이 칼리코론 우물가에서, 스무 밤이 넘도록 횃불 행렬을 구경한다면, 그곳에서 포이보스의 떠돌이 하인은 남의 노력의 결실을 가로채서 왕이 되기를 바라겠지. (Euripides, *Ion*, 1048-1089.)

칼리코론 우물 근처에서 밤새도록 축하연을 즐긴 행렬 참여자들은 마침내 친구들과 함께 성소 근처의 쉼터에서 쉴 곳을 찾기 위해 흩어졌다. 이로써 보에드로미온(9/10월)19일에 행해졌던 행렬은 끝이 났다.

행렬에 동반되었던 이아코스의 이미지는 횃불을 들고 있는 젊은 남자의 모습인데, 이는 이후에 형성된 것으로 이전과는 다른 형태였다. 헤로도토스의 기록을 보면, 이아코스는 인간의 형상을 띠지 못하고 무형의 존재인 '외침'에 불과했었음을 명확히 밝히고 있다.

…… 아티카 지역이 크세르크세스의 군대에 의해 유린되고 있을 때, 마침 스파르타 사람인 데마라토스와 함께 디카이오스가 트리아 평원에 있었다. 그때 그들은 약 3만 명의 군대가 행군하면서 만들어내는 먼지 구름이 엘레우시스 방면에서 다가오는 것을 보고, 어떠한 자들이 다가오는 것일까 하고 의문을 품었다. 그러자 홀연히 목소리가 들려왔는데, 디카이오스에게는 이 소리가 미스테리아에서 행해지는 이아코스의 절규처럼 생각되었다. 데마라토스는 엘레우시스 미스테리아에 대해 잘 모르고 있었기 때문에, 이 소리가 무엇이냐고 디카이오스에게 물었다. 그러자 디카이오스는 다음과 같이 말했다. "…… 이 소리는 신의 뜻이며, 틀림없이 아테네와 그 동맹군을 구원하기 위해 엘레우시스로부터 왔을 것

입니다. …… 아테네는 매년 데메테르 여신을 위한 축제를 행하고 있는데, 그 축제에는 아테네인은 물론 그 밖의 그리스인들도 원한다면 참여할 수 있었고 미스테리아에 입교할 수 있습니다. 지금 듣고 있는 이 소리는 그 축제 때 울려 퍼지는 이아코스의 절규입니다." (Herodotos, VIII. 60-70.)

이 기록에서 두 가지 사실을 알 수 있다. 첫째, 페르시아 전쟁 이전까지 이아코스는 엘레우시스 미스테리아에서 외쳐진 단순한 외침으로, 아직까지 인격화되지 못했다는 것이다. 둘째, 아테네인들은 행렬에서 외쳐진 이아코스가 전쟁 상황 속에서 신의 뜻을 전달하는 소리인 신성한 외침으로 거듭났다고 인식했던 것으로 보인다. 당시 사람들은 이 소리를 전쟁 상황 속에서 그리스인들을 구하기 위해 신이 명령한 외침이었으며, 소리의 진원지는 엘레우시스라고 생각했다. 헤로도토스의 기록에서 알 수 있는 사실은 이아코스가 점차 신성화될 수 있었던 것은 페르시아 전쟁 기간 중에 그리스인들을 도와주었다는 명분과 믿음에 의해서였을 것이라는 점이다.

페르시아 전쟁 시기를 거치면서 신성한 '외침'으로 거듭났던 이아코스는 점차 형태를 갖추게 되었고, 엘레우시스 미스테리아에서 역할을 수행하는 한 명의 신으로 발전했음을 알 수 있다. 이에 대한 근거가 되는 몇 가지 사료가 있다. 먼저, 기원전 5세기 말에서 4세기 초에 활동했던 희극 작가인 아리스토파네스는 희극『개구리들』에서 엘레우시스 미스테리아 행렬의 모습과 행렬에서 이아코스의 역할에 대해 상세하게 묘사한다.

크산티아스 : 들립니다. 횃불 냄새도 나고요. 엘레우시스 미스테리아의 흔적인 것 같은데요.

디오니소스 : 약간 몸을 웅크리고 들어보자구.

코로스 : 이아코스, 오 이아코스. 이아코스, 오 이아코스.

크산티아스 : 저겁니다. 저들이 바로 그가 말한 미스테리아를 전수받은 자들이고 그들은 여기서 노닐고 있는 겁니다. 아무튼 저들은 디아고라스가 쓴 이아코스 노래를 부르고 있습니다.

디오니소스 : 나도 동감이야. 어쨌든 조용히 하고 어떤지 지켜보는 것이 좋을 것 같아.

코로스 : 훌륭한 신전 이곳에서 사는 뛰어난 힘의 이아코스여, 이아코스, 오 이아코스. 여기 이 풀밭으로 오셔서, 당신의 축제에 참여한 신성한 무리들에게로 오셔서 코로스를 이끄소서. 머리에 쓰신 열매가 많은 풍성한 도금양의 화관을 흔드시며, 성적으로 짓궂기도 하며, 우리의 즐거운 춤에 어울리면서. 순수하고 성스러운, 엘레우시스 미스테리아의 입문자들에게는 거룩한 코로스를 이끄소서.

(중략)

코로스 장 : 이번에는 젊음이 넘치는 신(이아코스)을 노래로 이곳으로 부릅시다. 우리 코로스의 길동무가 되도록!

코로스 : 가장 영광스러운 이아코스여, 가장 즐거운 축제의 노래의 창안자시여, 이곳으로 오셔서 우리를 여신에게로 데려다주소서. 그대는 먼 길을 오셔도 지친 모습을 보이지 않습니다.

코로스를 사랑하시는 이아코스여, 나를 인도하소서.

헤로도토스의 기록과 이를 비교해보았을 때, 아리스토파네스의 희극에서 그려지는 이아코스는 엘레우시스 미스테리아에서 매우 중요한 역할을 하는 젊은 신이었음을 분명히 알 수 있다. 먼저 아리스토파네스는 이 아코스의 모습에 대해서는 젊음이 넘치는 신의 형상이라고 말한다. 다음 으로 엘레우시스 미스테리아 행렬을 묘사하는 장면에서 코러스는 처음부터 끝까지 "이아코스, 오 이아코스"를 외치며, 이아코스를 행렬의 동반자로 중요한 인물임을 강조한다. 그의 역할에 대해서는 엘레우시스 미스테리아에 입교하고자 하는 사람들을 이끄는 신이라고 언급한다. 이처럼, 페르시아 전쟁을 거치면서 신성함을 부여받은 이아코스는 이후 형태가 있는 신의 존재로 엘레우시스 미스테리아에서 숭배받게 되었던 것이다.

이아코스가 엘레우시스 미스테리아에 관련된 신이 되었음을 짐작할 수 있는 또 다른 기록은 2세기 여행가였던 파우사니아스의 『그리스 여행기』를 들 수 있다. 아테네 데메테르 성소인 엘레우시니온에 세워진 데메테르와 페르세포네, 이아코스의 신상에 대해 그는 다음과 같이 언급한다.

> 도시에 들어오면, 어떤 경우에는 매년 개방되었고 다른 경우에는 가끔 행렬을 준비하기 위한 건물(데메테르 신전)이 있다.
> 데메테르 신전 매우 가까이에 여신 자신의 이미지와 그녀의 딸과 횃불을 들고 있는 이아코스의 이미지가 함께 있었다.
> 벽에, 아티카 글자로 그것들은 프락시텔레스(기원전 370년경에 활동하던 조각가)의 작품이라고 적혀 있다. (Pausanias, *Description of Greece*, I. 2. 4.)

기록에 따르면, 기원전 370년경에 활동하던 조각가인 프락시텔레스가 이아코스를 조각상으로 만듦에 있어 횃불을 들고 있는 신의 형상으로 만들었다고 전한다. 그가 이아코스를 신으로 형상화한 것은 당시 사람들이 이아코스를 신으로 인식했기 때문에 가능했던 것이라고 볼 수 있다. 더욱이 행렬을 준비하기 위한 건물이 있던 곳에 이아코스와 데메테르 여신, 페르세포네의 조각상이 함께 있었다는 것은 세 명의 신 사이에 밀접한 연관성이 있었음을 나타낸다. 더불어서 이 시기에는 데메테르, 페르세포네, 이아코스가 함께 조각되는 형태가 일반적이었다고 하니 프락시텔레스의 조각만이 특별한 것은 아니었던 것으로 보인다. 즉, 이 당시 이아코스가 의식에서 매우 중요했다는 것을 단적으로 보여주는 증거라고 할 수 있을 것이다.

헤로도토스의 기록과 아리스토파네스 그리고 파우사니아스의 기록을 바탕으로 짐작컨대, 이아코스의 변화는 페르시아 전쟁을 거치면서 시작되었다. 아테네인들은 이아코스가 살라미스 해전에서 그리스인들을 도왔다고 믿었으며, 이러한 이유로 전쟁이 끝난 후 아테네 내에서 이아코스가 신성한 존재로 거듭났을 것이다. 페르시아 전쟁이 끝나고, 아테네는 전쟁의 승리를 널리 알리고 아테네의 위대함 또한 드높일 필요가 있었으며, 전쟁 이후 피폐한 상황을 빠르게 타개할 필요도 있었다. 이를 위해 전쟁을 승리로 이끄는 데 주요하다고 여겨진 신들을 찬양하는 것이 이를 위한 하나의 방편이 될 수 있었을 것이다. 이러한 과정 속에서 이아코스 역시 신격이 부여되면서 형태를 갖춘 신으로 대접받게 되었다고 볼 수 있다. 하지만 이아코스는 본래 신이 아니었기 때문에 단독으로 숭배하기에는 무리가 있었을 것으로 추정되며, 이러한 이유로 연기가 피어오르고 소리가 들려온 지역이 엘레우시스 지역이었다는 점과 이아코스가 본래 엘레우시스 미스테리아에서 외쳐졌다는 측면을 감안하여, 자연스럽게 엘레우시스 미스테리아와 이아코스의 숭배를 결합시킨 것이 아닌가 하는 생각이 든다.

신성화된 이아코스는 디오니소스와도 깊은 연관성이 있었던 것으로 추정된다. 이아코스와 디오니소스의 관계에 대해 파르케Parke 는 두 명칭의 소리가 유사한 데서 기인한 것이라고 주장한다.[5] 물론 이아코스와 바쿠스(디오니소스의 다른 명칭)는 발음상의 유사성이 분명히 존재하지만, 그것만으로 이아코스와 바쿠스 간의 연관성을 설명하는 것은 부족한 부분이 있다.

이아코스는 디오니소스와 발음이 유사하다는 점 외에도 여러 측면에서 접점을 가지고 있다. 에우리피데스의 『바코스들』을 보면, "이아코스, 브로미오스Bromius "라는 구절이 나오는데, 여기서 브로미오스는 디오니소스의 다른 별명이었다. 더욱이 이아코스는 엘레우시스 미스테리아뿐만 아니라 디오니소스 축제에서도 사용되었던 외침의 일종이었음을 알 수 있다. 이를 보았을 때, 디오니소스와 이아코스, 그리고 디오니소스와 미스테리아 사이에는 긴밀한 연관성이 있음을 알 수 있다.

뿐만 아니라 브로미오스 자체가 엘레우시스 미스테리아에 등장하기도 한다. 2세기에서 3세기 교부 철학자이자 교황이었던 히폴리투스가 엘레우시스 미스테리아에 대해 기록한 내용에서 이를 찾아볼 수 있다.

사실 아티스처럼 무력화된 것이 아니라 독미나리를 써서 거세당했고 모든 육욕적 세대를 경멸하면서, 히에로판테스 그 자신이 다음과 같이 선언했다. 엘레우시스에서 그날 밤에, 큰 불 아래서, 크고 비밀스러운 미스테리아를 수행하면서, 큰소리로 고함을 치고 울부짖으며, [참석자들은] "브리모 Βριμώ 는 축성된 아들 브리모스βριμος 를 낳았다"고 히에로판테스의 선언을 따라 말했다. 즉, 강한 어머니는 강한 아이를 낳는다. 그러나 존경받는 사람은 정신적인 자손이었고, 위로부터, 하늘에서 태어난 그는 강하다고 그는 말한다. (Hippolytus, *The Refutation of All Heresies*, V. 3.)

이는 기원후 기록이기는 하지만, 이전 시기의 기록들과 유사한 측면
이 상당 부분 있으며, 입교 의식은 은밀히 지켜지던 의식으로 거의 변화
가 없었을 것이라는 점을 감안했을 때, 상당히 믿을 만한 기록이라고 할
수 있다. 기록에 따르면, 엘레우시스에서 입교 의식이 진행되는 동안, 그
곳에서는 신성한 결혼 의식이 행해졌던 것으로 보인다. 이 신성한 결혼
의식에서 엘레우시스 미스테리아의 최고 사제인 히에로판테스는 "신성한
브리모가 신성한 아기 브리모스를 낳았다."고 소리를 질렀고, 이를 입교
자들이 따라 했다. 여기서 브리모는 데메테르를 의미하며, 브리모스는 이
아코스 혹은 트립톨레모스라고 해석된다.[6] 하지만 브로미오스가 디오니
소스의 별칭임을 감안했을 때, 트립톨레모스라기보다는 디오니소스와 동
일시되는 인물인 이아코스로 해석하는 것이 더 나을 것으로 보인다.

　이아코스와 디오니소스 간의 관련성은 앞서 언급했듯이, 이아코스가
디오니소스 의례에서도 등장했다는 사실에서도 알 수 있다. 기원전 1세기
지리학자였던 스트라본은 이아코스가 디오니소스, 데메테르와 밀접한 연
관을 맺고 있었음을 다음과 같이 기술한다.

대부분의 그리스인들은 디오니소스, 아폴론, 헤카테, 무사이오스, 그리
고 무엇보다도 특히 데메테르를 믿었다. 이들은 입교식에 있어서 신비
스러운 요소뿐만 아니라 진탕 마시고 노는 바쿠스적인 특징이나 코러스
의 특징이 이러한 모든 면을 가지고 있었다. 그리고 그들은 '이아코스'라
는 명칭을 디오니소스에게뿐만 아니라 데메테르를 숭배하는 미스테리
아의 주요 지도자에게도 주었다. 그리고 가지를 옮기고, 노래하며 춤추
고, 입교가 이러한 신들을 숭배하는 데 공통적인 요소이다. 무사이오스
와 아폴론에 대해 말하자면, 무사이오스는 합창을 주관했던 반면 아폴

론은 합창과 신탁 의례를 주관했다. 그러나 남자 그리고 특히 음악가로 교육받은 모든 사람들은 무사이오스의 사제들이었다; 그리고 음악과 신탁을 모두 다루었던 사람들은 아폴론의 사제들이었다; 그리고 입교자들 μύσται과 횃불을 나른 사람들인 다두코스들δαδοῦχοι과 히에로판테스들 ἱεροφάνται은 데메테르의 사제들이었다: 그리고 실레노스들 Σ ειληνοί과 사티로스들 Σάτυροι 그리고 티티로스들 Τίτυροι과 바쿠스들 Βάκχαι 그리고 레나이 Λῆναί 와 티이아이 Θυῖαι 그리고 미마로네스 Μιμαλλόνες 와 나이데스 Ναῖδες 그리고 님프들 Νύμφαι 은 바쿠스를 따르는 이들이었다. (Strabo, *Geography*, X. 3. 10.)

여기서 알 수 있는 사실은 데메테르 입교 의식이 디오니소스적 요소를 많이 갖고 있었다는 것과 이아코스가 디오니소스와 데메테르 입교 의식에 모두 관련되어 있었다는 것이다. 에우리피데스의 『바코스들』과 스트라본의 기록을 보면, 이아코스는 엘레우시스 미스테리아뿐만 아니라 디오니소스 의식과도 오래전부터 관련이 있었다. 이아코스라는 요소뿐만 아니라 의례를 행함에 있어서도 엘레우시스 미스테리아와 디오니소스 의식은 유사점을 갖고 있다. 국가의 세력가들을 비난한다든지, 방탕한 의례가 있었다는 측면에서 그러하다. 이러한 연관성은 페르시아 전쟁 이후 이아코스가 신성화되면서 이아코스가 디오니소스와 동일시되기도 하는 실마리를 제공했던 것으로 판단된다.

디오니소스, 이아코스, 미스테리아의 밀접한 연관성은 이아코스를 옮겼던 사제를 통해서도 알 수 있다. 히에라를 옮기는 행렬의 선두를 차지했던 것은 횃불을 들고 도금양으로 머리가 장식되어 있던 이아코스의 조각상이었다. 어린 신의 형상을 한 이아코스 상은 '이아카고고스 Ἰακαγωγός'

라고 알려진 특별한 사제에 의해서 엘레우시스로 옮겨졌다. 아테네 출신 자였던 이아카고고스는 아테네의 디오니소스 극장에 특별한 자리가 마련되어 있었던 사제로, 디오니소스 숭배와도 관련이 있었음을 알 수 있다. 엘레우시스 미스테리아와 디오니소스 숭배 사이에 사제를 공유한다는 것은 이아코스와 디오니소스, 디오니소스와 엘레우시스 미스테리아와의 밀접한 관련성을 상징적으로 보여주는 또 하나의 증거라고 할 수 있다.

보에드로미온 달 18일 역시 처음과는 다른 의례가 행해졌을 것으로 짐작되는 날이다. 18일은 에피다우리아 혹은 아스클레피에이아라고 불렸는데, 그 명칭에서도 알 수 있듯이 아스클레피오스와 밀접한 관련이 있었다. 아스클레피오스는 의학과 치료의 신으로 에피오네와 결혼하여 아들 두 명과 딸 다섯 명을 두었다고 전해진다. 그중 딸들은 라소, 히기에이아, 아케소, 아글레이아, 파나케이아로 모두 의술의 여신들로 칭송되었으며, 이들의 이름은 모두 병의 치료, 약, 의술과 관계되어 있다. 아스클레피오스는 아테네가 아니라 본래 에피다우로스 지역에서 숭배되던 신으로, 이후 다른 그리스 지역에 확산되는 과정 속에서 아테네로 유입되었다. 그렇기 때문에 아스클레피오스는 본래 엘레우시스 미스테리아와 특별한 연관성이 없었을 것이다. 그럼에도 불구하고 엘레우시스 미스테리아 의례 중에 아스클레피오스를 숭배하는 날이 있었다는 것은 18일의 행사가 오래전부터 지속되어온 의식이 아니라 이후에 생겨났거나 다른 의례를 대처한 의식이라는 것을 알 수 있다. 이는 엘레우시스 미스테리아가 다양한 신들을 흡수할 수 있을 만큼 영향력이 매우 컸다는 것 역시 반증한다고 볼 수 있다.

아스클레피오스가 엘레우시스 미스테리아에 참여하게 된 경위에 관한 기록들이 몇 가지 있다. 먼저 기원전 4세기경 아테네에서 발굴된 비문에서 다음과 같이 기록하고 있다.

아마도 신성한 이미지의 형상으로 신참자[아스클레피오스]는 엘레우시
스 미스테리아 축하연이 열리는 동안 아테네에 도착했다. 그는 엘레우
시니온에 들어갈 수 있었고 그곳에서 머물렀다. 그리고 그[텔레마코스]
는 에피다우로스로부터 운반되어져야 했던 신성한 뱀을 청하기 위해
[그곳으로] 갔다. (I.G., II². 4960 face fr. a.)

기원후 2세기경의 그리스인 소피스트였던 필로스트라투스 Philostratus 와
지리학자 파우사니아스 역시 다음과 같이 전하고 있다.

이날은 에피다우리아 축제의 날이었다. 이는 선언식과 희생제 둘 다가
행해진 이후인 두 번째 희생제 기간에 [데메테르와 페르세포네]의 [엘레
우시스] 미스테리아를 축하하기 위해 여전히 아테네인들에게 관습적으
로 행해지던 시기였다. 그리고 이 관습은 아스클레피오스에게 영광을
돌리기 위해 도입되었다. 왜냐하면 아스클레피오스가 에피다우로스로
부터 [엘레우시스 미스테리아 입교]에 너무 늦게 도착했음에도 그들[아
테네인들]은 그를 입교시켰기 때문이다. (Philostratus, *Vita Apollonii*, IV. 18.)

신[아스클레피오스]이 에피다우로스에서 태어났다는 다른 증거가 있다.
나는 가장 유명한 아스클레피오스 성소들이 에피다우로스에서 기원했
다는 것을 발견했기 때문이다. 첫 번째 장소에서, 아테네인들이 그들의
비밀스러운 의례[엘레우시스 미스테리아]를 아스클레피오스에게도 나
누어주었다고 말하는데, 아테네인들은 이날을 에피다우리아 축제라고

부르며, 그들은 아스클레피오스에 대한 그들의 숭배가 그때부터 시작되었다고 주장한다. (Pausanias, *Description of Greece*, Ⅱ. 26. 8.)

시기는 다르지만, 세 가지 사료는 거의 같은 내용을 담고 있다. 아스클레피오스는 엘레우시스 미스테리아가 행해지고 있던 동안에 아테네에 도착하였고, 그 때문에 엘레우시스 미스테리아에 처음부터 참여하지 못하고 중간에 참여할 수밖에 없었다는 것이다. 그럼에도 아테네인의 호의로 아스클레피오스는 미스테리아에 입교할 수 있게 되었으며, 그 이후부터 아테네인들은 엘레우시스 미스테리아 중간에 아스클레피오스를 기리는 에피다우리아 축제를 거행했다고 말하고 있다. 아스클레피오스가 엘레우시스 미스테리아에 참여하게 되는 이야기는 의식에 늦게 도착했지만 입교하고자 하는 사람들을 위한 신화적 정당성을 제공했다고 볼 수 있다. 기록들 중 주목해야 할 부분은 아스클레피오스가 아테네에 도착한 이후부터 보에드로미온 달 18일을 에피다우리아 의례로 지켰다는 부분인데, 이는 에피다우리아가 엘레우시스 미스테리아에 처음부터 있었던 행사가 아니라 이후에 생겨난 의례라는 것을 분명히 하고 있는 것이다.

몇몇 학자들은 에피다우리아의 역할 혹은 목적에 대해 논의하기도 했다. 특히, 몸젠과 같은 학자들은 에피다우리아가 소 미스테리아와 동일한 역할을 했다고 주장한다. 그는 에피다우리아는 아스클레피오스가 아테네로 온 이후에 시작되었기 때문에, 일 년에 소 미스테리아가 두 번 거행되었던 관행이 기원전 5세기 말부터 지속되었을 것이라고 주장한다.[7] 페어뱅크스Fairbanks도 기원전 400년 이후부터 봄에 축하되던 소 미스테리아가 엘레우시스 미스테리아 과정 중에서 필수적인 부분은 아니었다고 말한다. 하지만 에피다우리아가 소 미스테리아의 역할을 했다는 몸젠의 주장은 몇 가지 의문을 갖게 한다. 우선, 한 비문에서 아그라이에서 일 년에 두 번 미스테리아가 있었던 것은 일상적이지 않은 사건이라고 기록되어 있다.[8] 2~3세기의 작가였던 필로스트라토스의 기록에서도 아폴로니오스가 늦게 도착하여 놓친 제의는 아르콘 바실레우스의 미스테리아 시작에 관한 선언과 그 뒤에 행해진 희생제였음을 언급하고 있다.[9] 마지막으로 데메트리오스가 미스테리아에 입교한 내용을 상술한 플루타르코스의 기록에 따르면, 데메트리오스가 대 미스테리아에 입교하기 위해 소 미스테리아에 참여하지 못해서 자신만을 위한 새로운 소 미스테리아를 만들었다는 내용이 있다.[10] 이러한 내용을 바탕으로 살펴보았을 때, 몸젠의 주장처럼 에피다우리아가 소 미스테리아를 대신할 수 있었다면 굳이 새로운 소 미스테리아를 만들 필요가 없었을 것이다. 그러므로 몸젠의 주장은 다소 무리가 있다고 할 수 있다.

에피다우리아는 아스클레피오스를 숭배하는 것이 목적이었지만, 그 이면에 내포하고 있던 의미는 엘레우시스 대 미스테리아에 늦은 사람들에게 의식에 참여할 수 있는 기회를 제공했던 장이라는 것이다. 필로스트라토스의 기록에 따르면, 에피다우리아에서 행해진 희생제를 미스테리아의 '두 번째 희생제'라고 명명함으로써 미스테리아의 필수적인 부분이었다는 사실을 강조했다. 이 두 번째 기회는 필로스트라토스가 제안한 것처럼 미스테리아에 늦게 도착하게 돼서, 16일과 17일에 행해졌던 정화 의식과 희생제에 참여할 수 없었던 사람들을 위해 주어졌던 마지막 기회였을 것이다. 이는 미스테리아에 입교하고자 했던 사람들이 많아지면서 불가피하게 만들어졌을 가능성이 높다고 할 수 있다.

그렇다면 아스클레피오스가 언제부터 엘레우시스 미스테리아에서 숭배되기 시작했을까? 이를 추정할 수 있는 비문 자료가 남아있다. 이 자료는 아스클레피오스가 아테네에 유입된 시기를 분명히 언급하고 있다.

그 신은 [아스클레피오스] 대 미스테리아 동안 도착했고, 엘레우시니온
으로 안내되었으며, 그는 그의 집으로부터 마차로 뱀을 불렀고, 텔레마
코스Telemachos는 그를 만나기 위해 나갔다. 키담티데스의 아들 아스티
필로스가 아르콘이었던 해에 [아스클레피오스의 딸인] 히기에이아Ὑγιεία
는 도착했고 이렇게 해서 전체 성소가 건립되었다. 아르키아스가 아르
콘이던 시기에 전령은 재산에 대한 소유권을 주장했고 몇 가지 일을 방
지했다. (몇 년간의 상세한 내용은 상실되었다) 테이산드로스가 아르콘이던 시기
에 나무로 만들어진 입구가 건축되었고 나머지 성구들이 설치되었다. 클
레오크리토스가 아르콘이던 시기에 나무들이 심어졌으며, 그는 자신의
돈을 들여서 [성소의] 전체 구역의 장식을 완성했다. (I.G., II². 4960 face fr. b.)

위의 비문 사료를 보았을 때, 키담티데스의 아들 아스티필로스가 아테
네 집정관인 아르콘이었던 시기에 히기에이아가 도착하였고 성소가 건립
되었다고 언급한다. 아스티필로스가 아르콘이었던 시기는 기원전 420/19
년의 해로, 파우사니아스의 기록을 참고하였을 때, 기원전 420/19년부터
엘레우시스 미스테리아 중간에 아스클레피오스를 숭배하는 행사가 시작
되었다고 볼 수 있다. 아스클레피오스 숭배가 유입되기 전 본래 이날은
미스테리아에 입교하기 전에 입교를 준비하던 자들이 문밖에서 조용한
시간을 보냈던 날이었다고 전해진다. 이때 사람들은 조용하게 입교 의식
에서 경험하게 될 종교적인 체험을 준비하며 경건한 시간을 보냈을 것이
다. 그러나 아스클레피오스 숭배가 유입되면서, 경건하게 보내던 날을 아
스클레피오스를 숭배하는 날로 대체하게 되었던 것으로 보인다.

아테네 영웅과 신들의 역할 강화

기원전 6세기 말 엘레우시스 미스테리아와 관련이 있는 신이나 영웅 중에서 새롭게 각광을 받게 된 신은 플루토스를 들 수 있으며, 영웅으로는 트립톨레모스가 있다. 먼저, 플루토스는 부의 신으로, 그가 새롭게 부각되었던 것은 아마도 당시 아테네 경제 발전과 밀접한 연관이 있었을 것이다. 다음으로 트립톨레모스는 본래 미미한 역할이었지만, 이후 점차 농업의 분포자라는 새로운 이미지를 얻게 되면서 아테네 농업과 관련하여 중요한 영웅으로 등장하기 시작했다. 이렇듯 엘레우시스 미스테리아와 관련된 신과 영웅들이 점차 성격을 달리하기도 했으며, 때로는 새로운 신과 영웅이 엘레우시스 미스테리아와 관계를 맺기도 했다. 이러한 현상은 페르시아 전쟁이 끝나고 나서도 지속되었던 것으로 보인다.

고전기에 트립톨레모스는 또 한번의 변화를 겪게 되는데, 이 시기 그가 가지고 있었던 임무와 위상을 잘 보여주는 문헌 사료로는 기원전 468년에 상연된 소포클레스의 『트립톨레모스』라는 작품을 들 수 있다. 『트립톨레모스』는 당시 아테네에서 큰 성공을 거두었던 것으로 보인다. 현재는 일부만이 남아있어서 정확한 내용을 알기는 어렵지만, 아마도 트립톨레모스의 임무에 관한 것으로 추정된다.[11] 현재 전해지는 부분은 트립톨레모스의 의자에 대한 묘사와 그가 엘레우시스를 출발하는 장면에 대한 것이다. 소포클레스는 트립톨레모스의 신비한 의자를 용이 끄는 모습으로 서술하였다.[12] 트립톨레모스의 의자에 부가되는 용과 같은 상징들은 당시에 매우 유행했던 표현 방식이었던 것으로 보인다. 또한 트립톨레모스가 엘레우시스를 출발하는 장면에서는 데메테르가 트립톨레모스에게 방문할 곳을 하나하나씩 전해 주었던 것으로 보이는데, 일부만이 남아있어 그 내용은 명확하지 않다.[13] 용이 이끄는 신성한 의자와 트립톨레모스의 출발에 관한 소포클레스의 서술에서 추정할 수 있는 것은 소포클레스가 트립톨레모스를 농업과 엘레우시스 미스테리아의 전파자로 서술하였고 이를 강조하고자 했다는 것이다.

트립톨레모스의 임무에 대해 언급한 또 다른 기록으로는 기원전 4세기 역사가였던 크세노폰의 『헬레니카』와 기원후 2세기 작가인 아리스티데스의 언급을 들 수 있다. 크세노폰의 기록은 다음과 같다.

예로부터 우리 선조 트립톨레모스는 처음으로 이방인들 가운데 여러분 [스파르타인]의 선조 헤라클레스와 여러분과 동향인 디오스쿠로이 형제에게 데메테르와 그 딸을 위한 엘레우시스 미스테리아를 개방했고 데메테르의 곡식 씨앗을 맨 먼저 펠로폰네소스에 선물했습니다. (Xenophon, *Hellenica*, VI. 3. 6.)

아리스티데스는 트립톨레모스의 중요성이 점차 부각되고 위상이 올라갔음을 언급하고 있다. 그는 기원후 2세기 저자이기는 하지만 그리스 출신으로 그리스가 융성하던 시기에 대한 다양한 기록을 남겼다. 특히 그는 아테네의 전성기였던 기원전 5세기를 기술하는 과정에서 트립톨레모스에 대한 내용을 다음과 같이 언급했다.

아테네인들은 삶의 필수품[곡물]을 분배하기 위해 전 세계에 종교적 행렬을 보냈다. 그들이 말하길 데메테르가 돌본 아이 중 하나[트립톨레모스]가 이 임무를 책임졌다고 했다. 그리고 그가 바람보다 빠르게 모든 곳으로 이동하기 위해, 종종 그가 날개 달린 마차를 가졌다고 기록되기도 한다. 사실, 그의 움직임은 그가 깨끗한 공기를 통해 옮겨지는 것처럼 보였고, 제약을 받지 않는 것처럼 보였다. 아테네인들은 사실상 그들의 봉사를 필요로 하고 도움을 원하는 사람들이 말하기도 전에 다른 사람들에게 더 빠르게 이러한 선물들을 전파했다. 모든 인류에 대한 [아테네인들의] 이러한 너그러움 그리고 이러한 신성한 임무에 대한 상징과 기념물로 첫 번째 수확물에 대한 관습이 있었음을 나는 말하고자 한다. 고대 시기에 매년, 그리스인들은 곡물의 첫 번째 수확물을 아테네로 보냈다. 물론 농업은 아티카에서 기원했고 그곳으로부터 다른 지역으로 확산되었다는 더 나은 증거가 있는데, 즉 아테네를 곡물의 모시 母市 라고 부른 신의 신탁이 그것이다. (Aelius Aristides, *Orationes, Panath.*, I. 167.)

아테네인들은 사실상 일찍이 언급된 적이 있던 하늘에 날아다니는 트립톨레모스의 모습을 본받았다. …… 그는 그의 이익을 분별없이 모든 사람들에게 분배하였다. (Aelius Aristides, *Orationes, Panath.*, I. 245.)

…… 데메테르는 엘레우시스에 왔고 그 장소에 하나의 이름을 붙여주었으며, 그녀가 그녀의 딸을 찾았을 때, 그곳에서 미스테리아를 창설하였다. 더욱이 두 여신은 아테네인들의 도시에 곡물을 나누어주었고, 다음으로 아테네로부터 이 곡물은 모든 그리스인들과 이민족들에게 분배되었다. 이러한 아테네인들, 즉 켈레오스, 메타네이라, 트립톨레모스에게 우리는 육지와 바다를 넘어 다니는 뱀으로 장식된 날개 달린 마차가 그들의 것임을 확신하였다.

…… 그리스인들은 아테네에 첫 번째 수확물을 보냄으로써 아테네의 헌신에 보답한다. 아테네가 그들의 농업과 곡물의 모시이기 때문에. (Aelius Aristides, *Orationes, Eleus.*, I. 416.)

이상에서 알 수 있는 것은 당시 아테네 사람들은 아테네가 농업과 곡물의 모시라고 인식하면서 이에 자부심을 가졌다는 점이다. 더욱이 엘레우시스의 왕과 왕비였던 켈레오스와 메타네이라와 엘레우시스의 귀족이었던 트립톨레모스가 모두 아테네인으로 등장하는데, 이는 엘레우시스와 아테네의 구분이 거의 존재하지 않게 되었음을 은연중에 드러내는 것이라고 볼 수 있다. 아테네 사람으로 인식된 트립톨레모스는 날개 달린 마차를 타고 전 세계로 곡물을 전파했고, 그는 이를 행함에 있어서 어떠한 보답도 바라지 않았다고 전한다. 아테네인들 역시 트립톨레모스의 이러한 임무에 동참하여 곡물을 전파하는 데 대가를 바라지 않고 노력을 기울였으며, 그리스인들은 아테네인들의 이러한 노력에 보답하기 위해 그들 스스로 첫 번째 수확물을 아테네로 보냈다고 언급한다.

기원전 5세기의 몇몇 비문 자료에서도 아테네가 가지고 있었던 엘레우시스와 농업에 대한 주도권을 확인할 수 있다.

1. Ⅰ. 14 : 모든 동맹국들은 역시 같은 과정에 따라 첫 번째 수확물을 제공해야 한다.

2. Ⅱ. 24-26 : 고대 관습과 델피로부터의 신탁에 따라 미스테리아 시기에 첫 번째 수확물을 봉헌물로 하라는 [데메테르의] 명에 따라, 히에로판테스와 다이두코스는 모든 헬레네스인들에게 이와 같이 내용이 선언되었다.(I.G., I². 76=ML, 73)

3. Ⅱ. 44-46 : 이를 했던 사람들을 위해, 만약 그들이 아테네나 아테네인들 혹은 두 여신의 도시에 해를 입히지 않았던 사람들이라면, 풍족한 수확으로 많은 이익을 얻을 수 있을 것이다.

엘레우시스 미스테리아_고대 그리스 비밀 종교의식

비문에서 알 수 있는 것은 신탁이라는 권위에 의거해서 엘레우시스 미스테리아가 행해지던 시기에 모든 헬레네스(보편적인 그리스 민족의 명칭)가 첫 번째 수확물을 아테네에 바쳐야 한다는 것이다. 페르시아 전쟁이 끝나고 그리스 일부 국가들은 땅에서 얻은 열매를 엘레우시스 성소에 기부하도록 되어 있었다. 이는 트립톨레모스가 그들에게 곡식의 경작 방법을 전해주어 데메테르의 은혜를 받을 수 있었던 것에 대한 감사의 의미였던 것으로 보인다.[14] 더불어 페르시아 전쟁 시기 살라미스 전투를 치를 때, 엘레우시스 미스테리아와 관련된 신들의 도움이 있었기 때문에 페르시아인들을 격퇴할 수 있었다고 믿었던 헬레네스인은 이에 대해서도 감사의 표시를 하고자 했던 것으로 짐작된다.[15]

트립톨레모스의 이미지가 격상되는 모습은 도기화에서 더 여실히 알 수 있다. 도기화에 등장하는 트립톨레모스의 이미지는 이전 시기와 비교했을 때 몇 가지 변화가 있었던 것으로 보인다. 기원전 475년과 425년 사이에 트립톨레모스를 그렸던 대표적인 화가로는 베를린 화가, 알타무라 Altamura 화가, 니오비드 Niobid 화가, 폴리그노토스 Polygnots 화가 집단, 클레폰 Kleophon 화가 등이 있었다. 폴리그노토스 화가 집단의 도기화를 보면, 트립톨레모스의 임무에 대한 묘사가 니오비드 화가를 모방했다는 것이 분명하게 나타난다. 이후 이러한 이미지는 클레폰 화가에게 영감을 주었을 것으로 보인다. 이러한 트립톨레모스의 이미지화는 아마도 조각, 부조 그리고 벽이나 판넬 그림과는 다르게 베를린 화가에서 클레폰 화가까지 이어지는 어떤 깨지지 않는 전통이 있었던 것을 알 수 있다.

이들이 그린 트립톨레모스의 모습은 크게 네 가지 측면에서 변화가 나타났다. 첫째, 페르시아 전쟁 이전 도기화에서 나타나는 트립톨레모스의 외형은 성숙한 어른의 모습으로 그려지는 경우가 대부분이었지만, 이후 시기의 화가들은 트립톨레모스를 수염이 없는 청년 혹은 소년의 모습으로 그렸다. 이전 시기의 화가들이 트립톨레모스를 성숙한 외형으로 그린 것은 『데메테르 찬가』에서 그려지는 트립톨레모스의 모습과 더 유사한 형태라고 생각했기 때문일 것이다. 젊은이나 소년의 모습은 신을 묘사할 때 사용되는 외형 묘사 방법 중 하나로, 이는 죽지 않는 신을 시각적으로 표현하기 위해 아테네인들이 사용했던 일반적인 형태였다고 할 수 있다. 다시 말해, 기원전 6세기 말과 다르게 트립톨레모스가 청년이나 소년의 모습을 갖게 되었다는 것은 페르시아 전쟁 이후 트립톨레모스의 신성화가 상당히 이루어졌음을 짐작할 수 있다.

둘째, 트립톨레모스가 앉아 있는 의자의 형태가 변화한다. 트립톨레모스는 주로 바퀴 달린 의자에 앉아 있는 모습으로 그려지는데, 그가 앉은 의자 바퀴에 점차 한 쌍의 날개가 부착되기도 했을 뿐만 아니라, 뱀이 의자를 끄는 것처럼 묘사되기도 한다. 이렇듯 페르시아 전쟁 이후가 되면, 바퀴에 한 쌍의 날개가 달린 형태는 트립톨레모스의 의자를 표현하는 일반적인 방식이 되었다. 날개 달린 마차는 본래 신을 위한 지물이었는데, 이를 트립톨레모스의 고유한 지물로 고착화시켰다는 것은 트립톨레모스의 신성화가 상당히 진척되었다는 것을 알 수 있다.

이와 더불어, 기원전 5세기에는 뱀이 날개 달린 트립톨레모스의 의자를 끄는 모습도 간혹 등장한다. 이는 의자를 끄는 뱀은 시각적으로 더 빠른 속도감을 보여주기 위한 화가들의 의도이기도 했지만, 엘레우시스 미스테리아와 트립톨레모스 간의 깊은 연관성과 그를 신성화하기 위한 의지 역시 드러내주는 것이라고 할 수 있다. 뱀은 풍요의 상징으로, 데메테르에 의해 그녀 옆으로 가게 되었다는 신화가 전해지는 동물이기도 한 만큼, 데메테르 그리고 엘레우시스 미스테리아와 뗄 수 없는 관계에 있던

그림 5 트립톨레모스의 출발(장 폴 게티 미술관)[16]

것으로 보인다. 결론적으로, 트립톨레모스의 의자를 표현할 때, 날개와 뱀을 같이 그렸다는 것은 트립톨레모스가 신과 같은 지위를 가진 영웅이라는 면을 분명히 드러내고자 하는 것이라고 볼 수 있다. 더욱이 신의 지위를 얻은 그가 농업과 엘레우시스 미스테리아를 전 세계에 빠르게 확산하는 데 크게 기여하였다는 사실을 시각적으로 보여주고자 했던 것이라고 생각된다.

셋째, 고전기 도기화에 등장하는 트립톨레모스는 곡물의 이삭뿐만 아니라 의례 때 주로 사용했던 넓은 컵인 피알레phiale를 잡고 있는 모습으로 그려진다. 피알레는 헌주를 위해 사용되던 컵이었는데, 의식을 행함에 있어서 헌주는 매우 중요한 행위였다. 초기의 스윙 화가나 리그로스 화가들은 피알레를 들고 있는 트립톨레모스의 모습을 그리지 않았던 것으로 보인다. 하지만 고전기에 활동했던 알타무라 화가, 니오비드 화가 등은 트립톨레모스를 그릴 때 점차 한 손에는 이삭, 다른 한 손에는 피알레를 들고 있거나, 때로는 이삭 없이 피알레만 들고 있는 모습으로 묘사하기 시작했다. 몇몇 도기화에서 트립톨레모스는 피알레를 들고 있으며, 데메테르는 와인 단지인 오이노코에oinochoe를 들고 서 있거나 트립톨레모스의 피알레에 술을 채워주기도 한다. 더욱이 다른 한쪽에 서 있는 페르세포네는 종종 횃불을 들고 있는 모습으로 그려진다.

트립톨레모스, 데메테르, 페르세포네가 들고 있는 것들에는 중요한 의미가 있다. 트립톨레모스가 손에 든 이삭은 기원전 6세기 말 그에게 새롭게 부가되었던 농업을 분포하는 자라는 상징성을 지닌다고 볼 수 있다. 여기에 더해서, 피알레를 들고 있는 트립톨레모스의 형상은 엘레우시스 미스테리아를 세계 이곳저곳에 전파할 임무를 띤 자라는 것을 나타낸다. 데메테르와 코레가 트립톨레모스와 함께 등장하는 것을 통해서도 그와 엘레우시스 미스테리아 간의 관계가 밀접했음을 엿볼 수 있다. 밀로나스는 트립톨레모스의 임무가 엘레우시스 미스테리아의 가장 비밀스러운 부분이었던 입교 의례하고는 관계가 없을 것이라고 주장한다.[17] 『데메테르 찬가』에 따르면, 트립톨레모스는 미스테리아를 전수받은 엘레우시스 귀족 중 한 사람이었지만 사제 가문에 속한 사람은 아니었다. 그런 이유 때문이었는지 그는 오랫동안 특별한 임무를 갖고 있지 못했으며, 기원전 6세기 말에 이르러서 아테네에 의해 미스테리아보다는 농업과 더 깊은 관련을 맺게 되었다. 하지만 고전기 트립톨레모스와 함께 등장하는 피알레와 오이노코에는 엘레우시스 대 미스테리아의 여섯 번째 날인 보에드로미온 달 20일에 입교자들에게 제공되었던 신성한 제식과 관련이 있는 도기들이었다. 그러므로 이 시기 도기화에서 이삭뿐만 아니라 피알레를 들고 있는 트립톨레모스의 모습이 종종 등장한다는 것은 이 시기 아테네인들은 트립톨레모스가 미스테리아와 밀접한 관련이 있으며, 이를 전파하는 것이 그의 중요한 임무였다고 생각했던 것 같다. 뿐만 아니라, 아테네인들이 그렇게 인식했던 것은 트립톨레모스를 통해서 농업과 엘레우시스 미스테리아에 대한 영향력과 자신들의 역할을 부각시키고자 했기 때문으로 짐작된다.

마지막으로 알타무라 화가, 니오비드 화가, 폴리그노토스 화가, 베를린 화가 등은 트립톨레모스가 등장하는 신화 중 출발 장면에 더욱 심혈을 기울였다. 트립톨레모스의 출발을 묘사하는 그림에서 그는 이삭과 피알레를 들고 있으며, 데메테르와 코레의 배웅을 받으면서 엘레우시스를 떠나는 모습으로 그려진다. 이전 화가들은 트립톨레모스가 등장하는 장면을 주로 아테네 등지에 도착하는 모습으로 그린 반면, 고전기 화가들은 그가 엘레우시스로부터 출발하는 장면을 더 자주 묘사하였다.[18] 출발이 아니라 도착 장면이 성행하던 시기는 주로 기원전 6세기 초였는데, 이 시기는 엘레우시스가 아테네로 편입된 지 얼마 되지 않았던 시기였다. 이러한 시기에 그려진 아테네에 도착하는 트립톨레모스의 모습은 아테네와 엘레우시스 간의 원만한 관계를 표현하고자 했던 의도가 숨어있었다고 생각된다. 반면 5세기경 출발 장면을 도기화의 주요 주제로 선택했던 시기에는 엘레우시스가 완전하게 아테네에 편입되었고, 클레이스테네스의 개혁과 페르시아 전쟁을 거치면서 엘레우시스인과 아테네인의 구분이 모호해지고 모두 아테네인이라는 인식이 자리 잡고 있던 시기였다고 할 수 있다. 이런 이유로 트립톨레모스가 엘레우시스 지역을 출발하여 데메테르의 선물인 농업과 엘레우시스 미스테리아를 전 세계에 전파한다는 이미지는 트립톨레모스뿐만 아니라 아테네의 이미지를 향상시킬 수 있는 방법이었을 것이다.

최고 인기를 영위하던 트립톨레모스 이미지는 기원전 5세기 말경에 또한번의 변화를 겪었다. 전 시기에 비해 트립톨레모스를 그리는 빈도가 줄어들었으며, 신화와 관련이 없이 다른 여러 신들이 등장하는 장면에 등장하거나, 농업이나 엘레우시스 미스테리아를 상징하는 물건 없이 그려지기도 했다. 기원전 5세기 말의 봉헌 명판을 보면 파손이 심하기는 하지만 묘사된 인물들이 누구인지는 확인이 가능하다. 맨 왼쪽에 있는 여성은 두 개의 횃불을 들고 있는 모습으로 보아 페르세포네일 것이며, 그 옆에 앉아 있는 여성은 데메테르이다. 그 옆에 다리만 남아있는 사람은 부츠를 신고 있으며, 의상의 형태가 디오니소스, 이아코스 혹은 에우몰포스 중 한 명으로 생각된다. 발 옆에 뱀이 감고 있는 바퀴 일부가 남아있는데, 이는 트립톨레모스일 것이다. 기원전 330~310년경에 만들어진 크라테르 도기의 그림에서 트립톨레모스는 뱀이 이끄는 마차를 타고 있으며, 양손에는 횃불을 하나씩 들고 있다(그림 6). 이는 메데이아가 남편 이아손의 배신에 대해 복수하기 위해 아들을 제단에서 죽이는 장면으로 제단 앞에 트립톨레모스가 존재한다. 여기서 트립톨레모스는 농업과 엘레우시스 미스테리아와는 전혀 관계없는 인물로 그려진다. 이러한 모습은 기원전 5세기 말 이전에는 등장하지 않던 형태였다. 이처럼 펠로폰네소스 전쟁 이후 트립톨레모스를 묘사한 그림들에서 그는 더 이상 농업과 엘레우시스 미스테리아와 관련을 맺고 있지 않은 것으로 보인다.

사료에서도 트립톨레모스는 더 이상 신격화된 모습으로 등장하지 않는다. 기원전 3세기의 역사가인 필로코로스Philochorus 의 일부 남아있는 기록에서 나타나는 트립톨레모스에 관한 언급은 다음과 같다.

엘레우시스 미스테리아_고대 그리스 비밀 종교의식

그림 6 메데이아와 트립톨레모스(뮌헨 국립 고대미술 전시관. CC BY-SA 4.0)[19]

켈레오스는 트립톨레모스가 살았던 시기에 엘레우시스의 왕이었다. 필로코로스가 말하길 트립톨레모스는 곡물을 나눠주기 위해 군함을 타고 도시들에 건너왔으며, 그의 배는 날개 달린 뱀이 달려 있었지만, 이는 아마도 뱃머리의 선수상을 나타내는 것으로 보인다. (FGrH., 328F. 104.)

 사료에 등장하는 트립톨레모스의 이미지는 고전기와 비교했을 때, 그 격이 많이 떨어졌음을 알 수 있다. 기원전 5세기 초·중반에 트립톨레모스는 반인반신이었으며, 뱀이 끄는 날개 달린 마차를 타고 전 세계를 돌아다니며 곡물과 엘레우시스 미스테리아를 전파하였다. 하지만 사료에 묘사된 트립톨레모스는 곡물을 나누어주기는 하지만 현실적인 인간의 모습으로 그려진다.
 『데메테르 찬가』에서 데메테르를 제외하고 가장 중요한 여신 중 한 명은 단연 헤카테였다고 할 수 있다. 헤카테는 지하와 관련이 있는 여신으로 데메테르를 도와 페르세포네를 찾는 데 일조하기도 하고, 페르세포네가 돌아왔을 때에는 그녀의 동료가 되기도 한다. 헤카테는 『데메테르 찬가』에서 데메테르의 안내자, 페르세포네의 동료로 등장했고, 도기화에서는 두 개의 횃불을 들고 있는 이미지로 형상화되었다. 이러했던 헤카테의 중요성이 페르시아 전쟁 시기를 거치면서 점차 변화하였다.

헤카테의 역할 상실은 페르세포네의 이미지 변화와 긴밀한 연관 관계를 갖고 있는 것으로 보인다. 이러한 모습을 짐작할 수 있는 근거로 대표적인 것은 기원전 480년경에 만들어진 데메테르와 페르세포네의 모습을 담은 봉헌 부조이다. 데메테르는 왼쪽에 앉아 있으며, 왼손에는 홀을, 오른손에는 횃불을 들고 있다. 그 앞에 서 있는 페르세포네는 두 손에 횃불을 한 개씩 들고 있다. 페르시아 전쟁 이전에는 양손에 횃불을 들고 있는 여신을 헤카테라고 보는 것이 일반적이었지만, 기원전 5세기 초의 것으로 추정되는 이 봉헌 부조에 그려진 인물은 페르세포네라고 보는 것이 타당하다. 왜냐하면 데메테르와 단 둘이서 등장하는 대부분의 여신은 그녀의 딸인 페르세포네이기 때문이다. 기원전 5세기 또 다른 봉헌 부조를 보면 세 명의 인물이 등장한다. 이 세 명은 데메테르와 페르세포네, 엘레우시스 왕인 켈레오스로 알려져 있다. 손상이 많이 된 관계로 정확한 형태는 알기 어렵지만, 앉아 있는 인물은 데메테르이며, 횃불로 보이는 것을 손에 들고 있는 여인은 페르세포네, 가장 왼쪽의 인물이 켈레오스라고 할 수 있다.

또 다른 근거인 기원전 4세기 리옹 박물관의 도기화를 보면 여섯 명의 인물이 등장한다. 중심이 되는 인물은 앉아 있는 남녀 한 쌍으로, 여자는 머리에 쓴 왕관과 손에 든 홀로 추정해보면 데메테르일 것으로 보인다. 남자는 손에 들고 있는 것이 티르소스인 것으로 보아 디오니소스일 것이다. 이 두 인물 중간에는 두 개의 횃불을 든 페르세포네가 서 있다.

기원전 4세기 상트페테르부르크에 위치한 에르미타주 미술관에 엘레우시스 미스테리아와 관련이 있는 여러 신과 영웅들이 등장하는 것으로 추정되는 유명한 도기화가 있다. 이 도기화에 등장하는 신과 영웅으로는 헤라, 이아코스, 트립톨레모스, 디오니소스, 데메테르와 페르세포네, 헤라클레스, 아테나, 에우몰포스 혹은 에우불레오스 그리고 세멜레로 추정된다(그림7). 맨 왼쪽부터 헤라로 추정되는 인물은 의자에 앉아 있는 모습으로 머리에는 왕관을 왼손에는 홀을 쥐고 있다. 본인의 키보다도 더 큰 횃불을 들고 있는 젊은 남자의 형상을 한 인물은 이아코스일 가능성이 높다. 그 옆에 날개 달린 마차를 타고 있는 남성은 트립톨레모스일 것으로 보이며, 그 옆에 위치한 인물은 왼손에 티르수스를 쥐고 있는 것으로 보아 디오니

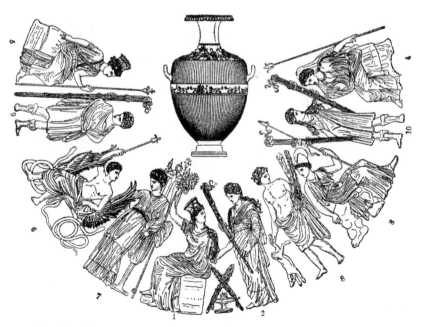

그림 7 레지나 바소룸(상트페테르부르크 국립 에르미타주 미술관)[20]

소스라고 할 수 있다. 디오니소스 옆에 두 인물은 서로 관련이 있는 모습으로 그려져 있으며, 이들 사이에 놓인 것은 곡식의 이삭으로 추정되므로 이들은 데메테르와 코레일 것이다. 여기서 앉아 있는 여성은 데메테르, 서 있는 여인은 횃불을 들고 있는 것이 페르세포네로 보인다. 그 옆에 남성은 한 손에 짐승을, 다른 한 손에는 몽둥이를 들고 있는 모습으로 보아 헤라클레스이다. 그 옆 앉아 있는 인물은 투구까지 쓰고 무장을 한 모습이 아테나 여신임을 알 수 있다. 아테나 여신 옆의 인물은 양손에 횃불을 들고 화려한 튜닉을 입고 부츠를 신은 모습이 에우몰포스일 가능성이 높지만, 에우불레오스라고 보기도 한다. 마지막으로 앉아 있는 여성은 디오니소스의 어머니인 세멜레로 추정된다. 이 도기화에 묘사된 신들은 페르시아 전쟁 이후 엘레우시스 미스테리아와 관련된 신과 영웅들이라고 볼 수 있는데, 여기서 주목해야 할 점은 헤카테가 등장하지 않는 대신에 헤카테의 지물이었던 횃불을 페르세포네가 들고 있다는 점이다.

사실, 『데메테르 찬가』에서 페르세포네는 데메테르의 딸이라는 역할과 이미지 외에는 특별한 특징을 갖지는 못했으며, 데메테르의 고난과 슬픔의 원인 제공자이자, 본인의 의지와는 상관없이 하데스와 결혼하게 되는 인물로 등장한다. 하지만 고전기가 되면, 페르세포네는 헤카테의 이미지를 흡수하면서 지하의 여왕으로 자리매김하게 되었고, 헤카테의 상징물이었던 두 개의 횃불이 자연스럽게 페르세포네에게 넘어간 것으로 보인다. 이러한 변화가 일어난 원인은 아마도 헤카테가 페르시아 지역과 깊은 관련이 있었기 때문일 것이다.[21]

헤카테의 역할 중 일부는 페르세포네가 아니라 아테네의 수호 여신인 아테나 여신에게 전이되었다. 전통적으로 엘레우시스 미스테리아와는 관련이 없었던 아테나 여신이 엘레우시스 미스테리아와 관계를 맺기 시작한 시기는 페이시스트라토스가 참주로 아테네를 통치하던 때였다. 하지만 이 시기에 아테나가 등장하는 장면은 매우 한정적이고 두드러지지 않으며, 단지 아테나 여신을 엘레우시스와 연관시키고자 하는 시도가 있었던 것으로 보인다. 하지만 페르시아 전쟁 이후부터 아테나 여신은 엘레우시스 미스테리아와 관련된 도기화나 부조에 중요한 여신으로 그려졌다. 그 대표적인 예는 레이토 비문이다. 여기서 맨 왼쪽에 새겨진 인물은 데메테르이며, 그 옆에는 두 개의 횃불을 들고 있는 페르세포네가 있다. 그 옆에 새겨진 인물은 엘레우시스 지역을 인격화한 것으로 엘레우시스를 상징하거나 에우몰포스를 의미한다고 알려져 있다.[22] 엘레우시스 지역을 인격화했든지 에우몰포스이든지 간에 둘 다 엘레우시스 지역을 대표한다는 측면에서는 같은 의미를 지닌다고 볼 수 있다. 맨 오른쪽의 여성은 투구를 쓴 모습으로 그려져 있는데, 이는 아테나 여신임을 알 수 있다. 여기서 중요한 부분은 엘레우시스를 대표하는 인물이 아테나 여신을 악수로 맞이하고 있다는 것이다. 즉, 엘레우시스와 엘레우시스 미스테리아에 아테네의 영향력이 환영받고 있음을 상징하는 부조라고 할 수 있다. 레이토 부조의 묘사처럼, 이 시기에는 아테나 여신이 엘레우시스 미스테리아 신들과 함께 등장하는 장면이 늘어난다.

아테나 여신이 중요한 신이 되었다는 것은 에우리피데스의 『헬레네』에서도 알 수 있다. 코러스 일부에서 데메테르가 페르세포네를 잃고 헤매는 장면이 묘사되어 있다. 『헬레네』의 내용과 『데메테르 찬가』를 비교하면, 같은 장면을 묘사하는 데 있어서 다른 점을 발견할 수 있다. 『데메테르 찬가』에서 데메테르를 도와 페르세포네를 찾는 데 도움을 주었던 여신은 헤카테였지만, 여기서는 전혀 등장하지 않는다. 반면 데메테르를 돕는 여신은 활의 여신 아르테미스와 창으로 무장한 아테나 여신이다.

산들의 여주인이며 신들의 어머니가 옛날에 발로 뛰어 숲이 우거진 골짜기들과 흐르는 강물들 사이로, 그리고 웅웅거리는 바다의 파도 위를 내달렸습니다. 아무도 그 이름을 말하지 않는 실종된 처녀[페르세포네]가 그리워서 그리고 바쿠스의 캐스터네츠의 요란한 소리가 사방으로 울려 퍼졌습니다. 소녀들과 춤을 추다가 납치된 딸을 찾고자 여신이 야수들에 멍에를 얹고 수레를 끌게 했을 때, 그리고 활의 여신 아르테미스와 창으로 완전무장한 매서운 눈길의 여신[아테나]이 바람처럼 날랜 걸음으로 그녀를 뒤따랐습니다. 하지만 제우스께서 하늘의 왕좌에서 내려다보시다가 운명을 다르게 정했습니다.

…… 그대는 정의와 의무를 무시하고 감히 방 안에서 사라의 불을 지폈습니다. 그대가 여신에게 노여움을 산 것은 여신에게 제물을 바치면서 경의를 표하지 않은 탓입니다. 정말이지 큰 힘을 가지고 있습니다. 새끼 사슴의 얼룩덜룩한 가죽으로 만든 옷(바쿠스 여신도들이 입고 다니던 옷)도 신성한 지팡이(바쿠스 여신도들이 들고 다니던 티르소스 지팡이)들에 감겨 있는 푸른 담쟁이 덩굴도, 대리로 흔들어대며 빙글빙글 도는 팽이(헤카테 여신의 지물)도, 브로미오스[디오니소스]를 위해 너울거리는 머리카락도, 여신의 밤 축제도. 마치 달이 낮을 이기려고 하듯이, 그대는 오직 자신의 미모만 믿었던 겁니다. (Euripides, *Helen*, 1303-1361.)

에우리피데스의 언급에 따르면, 데메테르의 조력자는 아테나 여신과 아르테미스 여신이다. 『데메테르 찬가』에서는 전혀 등장하지 않던 두 여신이 헤카테가 맡고 있던 역할을 대신하고 있으며, 엘레우시스 미스테리아와도 관련이 있음을 내비치고 있다. 사실 도기화에 묘사된 것을 보면, 헤카테의 상징물과 지하 세계와 관련이 있는 특징은 페르세포네로 이전

되었다. 하지만 데메테르의 안내자로 페르세포네를 찾는 역할의 헤카테 이미지는 페르세포네에게 이전시킬 수 없기 때문에, 안내자인 헤카테 이미지를 대신할 여신으로 아테나 여신과 아르테미스가 등장했음을 짐작할 수 있다.

나가며

　현대인들에게 종교는 개인적 믿음이 가장 중요한 측면을 가지고 있을
것이다. 어떤 신을 믿을지, 어떠한 방식으로 믿을지는 어떠한 종교를 갖
고 있는지와 밀접한 관련이 있다. 그리고 종교를 선택할 때, 국교가 지정
된 나라를 제외하고는 지극히 개인적인 선택에 의한 것이라고 할 수 있
다. 신과 종교는 개인의 믿음으로 생각할 수 있지만, 종교는 다분히 개인
적이면서도 공동체, 심지어는 정치적 특성을 강하게 가지고 있지는 않나
싶다. 대표적으로 종교전쟁을 보면 이러한 면을 알 수 있다. 현대에서도
종교를 전면에 세우고 전쟁을 하거나 테러를 하는 모습을 보인다. 하지만
이는 그 이면에 정치적 혹은 공동체적 이익이 깔려 있기 때문일 것이다.
　종교는 이렇듯 단순히 개인적 믿음만으로 설명되지 않는 부분이 존재
하며, 고대에서는 이러한 측면이 훨씬 더 강했다고 할 수 있다. 그런 이유
로 고대의 종교는 정치적인 측면을 떼놓고 보기 어렵다. 그러므로 종교사
를 보면 정치사의 한 단면도 살펴볼 수 있는 것이다. 이런 면에서 고대 그
리스의 엘레우시스 미스테리아는 개인적인 믿음과 국가적 개입이라는 부
분을 두루 보여줄 수는 대표적인 종교 의례였다.
　엘레우시스 미스테리아는 의례에서도 알 수 있듯이 비밀스러운 의식

이었다. 가장 핵심이 되는 입교 의식은 지금까지도 무슨 일이 행해졌는지 알려져 있지 않다. 당시 사람들은 입교 의식의 내용을 발설한 자는 신에 의해 벌을 받을 것이라고 믿었고, 국가적으로도 신성모독죄를 들어 처벌하였기 때문이다. 비밀 의식은 내세와 구복과 관련되어 있을 것이라는 추정만 가능한데, 이는 현대의 종교에서도 매우 중요한 부분이며, 매우 개인적인 측면과 관련되어 있다고 할 수 있다. 반면, 입교 의식을 제외한 축하연, 행렬, 정화 의식 등은 국가가 주도하여 행해졌는데, 대표적으로 종교 행사를 주관하는 사제들이 상당 부분 공직자들이었다는 것이다. 또한 공식적인 달력에 폴리스 행사로 규정되어 있어서 이 행사에는 아테네 사람들뿐만 아니라 그리스 전역에서 참여했다는 점이다.

아테네가 폴리스 차원에서 엘레우시스 미스테리아를 관리했던 것은 아테네의 영향력 증대와 밀접한 관련이 있었다. 아테네는 엘레우시스 미스테리아를 통해 아테네의 그리스 내 영향력을 증대하고 아테네로 편입된 엘레우시스 지역을 효과적으로 통제하고자 했던 것으로 보인다. 이렇듯 종교는 단순히 믿음의 형태로 보기만은 어려우며, 당시 정치 상황과 밀접한 관련이 있었다. 따라서 본서에서는 엘레우시스 미스테리아를 통해 당시 아테네의 정치 상황과 주변국과의 관계성에 대해 살펴봄으로써, 사료가 많지 않은 고대 역사를 다른 시각으로 볼 수 있는 하나의 방법을 제시하고자 했다.

먼 옛날 먼 나라의 종교라고 생각될 수 있지만, 그리스 신과 신화를 이해하고 그들의 믿음을 맛보면서 역사까지도 훑어볼 수 있었던 기회가 되길 바란다. 또한 고대 그리스인들의 삶과 정치 그리고 종교 의례와 믿음 등에 관심을 가져주었으면 한다. 나와 다른 이들을 이해하는 것이 또 다른 즐거움이 될 수 있을 것이라고 생각하기 때문이다.

미주

들어가며

1 Aristotle, *Athenaion Politeia*, 21.

2 최혜영, 「엘레우시스 미스테리아: 데메테르 · 이시스 · 이난나의 비교」, 『서양 사론』, 83 (2004), 12쪽.

제1장

1 Robert Parker, "Greek Religion," edit. by John Boardman, Jasper Griffin, & Oswyn Murray, *Greece and The Hellenistic World*(Oxford: Oxford University Press, 1986), p. 260.

2 Paul Cartledge, "The Greek religious festivals," edit. by Patricia Easterling & John Muir, *Greek Religion and Society*(Cambridge: Cambridge University Press, 1985), pp. 98–99.

3 로베르 플라실리에르. 『고대 그리스의 일상생활』, 심현정 옮김(우물이 있는 집, 2004), 301–302쪽.

4 Walter Burkert, *Greek Religion*(Oxford: Blackwell, 1985), p. 102.

5 Karl Kerényi, *The Gods of the Greeks*(London: Thames and Hudson, 1951) p. 74; 장영란, 「그리스 종교 축제의 원형적 특성과 탁월성 훈련」, 『철학논총』, 73 (2013), 285–286쪽.

6 Jan Bremmer, "Greek Hymns," edit. by Henk Versnel, Faith, Hope, and

Worship—Aspects of Religious Mentality in The Ancient World(Leiden: E. J. Brill, 1981), pp. 193–196.

7   Simon Price, *Religions of The Ancient Greek*(Cambridge: Cambridge University Press, 1999), p. 37; 장영란, 「그리스 종교 축제의 원형적 특성과 탁월성 훈련」, 『철학논총』, 73 (2013), 287쪽.

8   Christiane Sourvinou—Inwood, *Athenian Myths and Festivals: Aglauros, Erechtheus, Plynteria, Panathenaia, Dionysia*(Oxford: Oxford University Press, 2011), p. 268.

9   Jan Bremmer, *Greek Religion*(Oxford: Oxford University Press, 1994), p. 40.

10   로베르 플라실리에르, 『고대 그리스의 일상생활』, 심현정 옮김(우물이 있는 집, 2004), 306–307쪽.

11   Aristophanes, *Acharniens*, V. 504–508.

12   Simon Price, *Religions of The Ancient Greek*, p. 127.

13   I.G., II². 1078.

14   I.G., II². 76; 1367.

15   I.G., II². 974; 1367; 4960.

16   Andokides, *On the Mysteries*, III; I.G., II². 848.

17   Perseus Digital Library 그림 참고 https://www.perseus.tufts.edu/hopper/artifact?name=St.+Petersburg+St.+1792&object=vase

18   Ugo Bianchi, *The Greek Mysteries*(Leiden: E. J. Brill, 1976), p. 16.

19   Ibid., p. 17.

제2장

1   Pseudo—Apollodoros, *Bibliotheca*, III. 14. 7.

2   Jennifer Hecht, *Doubt: A History: The Great Doubters and Their Legacy of Innovation from Socrates and Jesus to Thomas Jefferson and Emily Dickinson*(HarperOne, 2003), pp. 9–10.

3   George Mylonas, *Eleusis and the Eleusinian Mysteries*, p. 261.

4   Apollodoros, Fragment, 36.

5   Karl Kerenyi, tran. by Ralph Manheim, *Eleusis: Archetypal Image of Mother and Daughter*(Princeton: Princeton University Press, 1991), p. 84.

6   Tertullian, *To the Nations*, 30.

7   Lactantius, *Div., Inst.*, epitom., 23.

8   Clement of Alexandria, *Exhortation to the Greeks*, II. 18.

9   Pausanias, *Description of Greece*, I. 38. 1; I.G., I^2. 81.

10   George Mylonas, *Eleusis and the Eleusinian Mysteries*, pp. 84, 274.

11   Thomas Taylor, *Eleusinian and Bacchic Mysteries*(San Diego: Wizards Bookshelf, 1980), p. 117.

12   Milan Papyrus, 20, 31; Kerenyi, *Eleusis: Archetypal Image of Mother and Daughter*, p. 84.

13   Casavis, *The Greek Origin of Freemasonry*, p. 113.

14   Athenaeus, *The Deipnosophists*, XI. 496a.

15   *Homeric Hymn to Demeter*, 480−483.

16   *Homeric Hymn to Demeter*, 274.

17   Pausanias, *Description of Greece*, I. 38. 6.

18   George Mylonas, *Eleusis and the Eleusinian Mysteries*, p. 73.

19   *Homeric Hymn to Demeter*, 270, 295.

20   Andokides, *On the Mysteries*, III.

21   최혜영, 「헤카테 여신의 '오리엔트적' 기원」, 『서양고대사연구』, 16 (2005), 74-75쪽.

22   Hesiod, *Theogony*, 969; Diodorus, *Bibliotheca Historica*, V. 77, 1; Hyginus, *Astronomica*, II. 4; 이외에도 데메테르의 아들로만 나타난 경우도 있으며 (Folk Songs Frag., 862, Greek Lyric Scolia Frag., 885), 티케의 아들로 등장하기도 한다(Aesop Fables, 130).

23 Simms, "The Eleusinia in the Sixth to Fourth Centuries B.C.," pp. 275–276.

제3장

1 소 미스테리아의 목적은 엘레우시스의 대 미스테리아에 참가하고자 했던 입교자들이 대 미스테리아 전에 참가 자격을 확인하고 정화 의식을 행하는 것이었다. 소 미스테리아에 참여하지 않은 자들은 다음 대 미스테리아에 참여할 수 없었기에, 소 미스테리아에 참여하는 것은 대 미스테리아 참가의 선행 조건이었던 것이다.

2 Homer, *Iliad*, VIII. 366ff; Homer, *Odyssey*, XI. 623ff.

3 John Boardman, "Herakles, Peisistratos and Eleusis," *The Journal of Hellenic Studies*, 95 (1975), pp. 7–8.

4 John Boardman, "Herakles, Peisistratos and sons," Revue Archeologique, Nouvelle Série, Fasc. 1, Études de céramique et de peinture antiques offertes à Pierre Devambez, 1 (1972), pp. 57–72.

5 https://collections.mfa.org/objects/153852/plate-with-herakles-pulling-kerberos?ctx=cedf1020-849c-46cc-a9a7-f6af8c1dbdad&idx=55

6 오흥식, 「고대 그리스의 헤라클레스 영웅숭배」, 『서양고대사연구』, 24 (2009), 158쪽.

7 Thucydides, II. 15. 3–6.

8 Robertson, *Festivals and Legends: The Formation of Greek Cities in the Light of Public Ritual*, p. 31.

9 Ibid., p. 33.

10 https://digitalcollections.nypl.org/items/510d47e4-1a10-a3d9-e040-e00a18064a99

11 https://commons.wikimedia.org/wiki/File:Getty_Villa_-_Collection_(86.AE.680).jpg

12 Anacreontea, Fragment, 36.

13 Antony Andrews, *The Greek Tyrants*(London: Hutchinson's University Library,

1956), pp. 113-114.

14 Isabelle Raubitschek & Antony Raubitschek, "The Mission of Triptolemos," *Hesperia Supplements*, 20 (1982), p. 111.

제4장

1 Aristophanes, *The Frogs*, 316 - 353.

2 I.G., I³. 79.

3 George Mylonas, *Eleusis and the Eleusinian Mysteries*, p. 256.

4 Ibid., pp. 256-257.

5 Parke, *Festivals of The Athenians: Aspects of Greek and Roman Life*, p. 65.

6 최혜영, 「엘레우시스 미스테리아: 데메테르 · 이시스 · 이난나의 비교」, 『서양사론』, 83 (2004), 16쪽.

7 August Mommsen, *Die Feste Der Stadt Athen im altertum: geordnet nach Attischem kalender*(Leipzig : Druck und Verlag von B. G. Teubner, 1898), pp. 216-222.

8 Arthur Fairbanks, "On the Festival Epidauria at Athens," *The Classical Review*, 14:8 (1900), pp. 424-425; Ἐφ. Ἀρχ. 1895, σ. 111, 27, 1, 21; C. I. A., IV. 2; 385d.

9 Philostratus, *Vita Apollonii*, IV. 18.

10 Plutarch, *Demetrius*, XXVI. 1.

11 Sophocles, edit. by Richard Jebb, Walter Headlam & Alfred Pearson, *The Fragments of Sophocles II*(Cambridge: Cambridge University Press, 1917), pp. 239-242.

12 δρακοντε υαιρον αμφιτλιξ ειληφοτε. Frag., 596.

13 σε δ' εν φρενοσ δελτοιισι τους εμους λογους. Frag., 597.

14 I.G., I². 76; I.G., I³. 78.

15 Marcus Tod, *A Selection of Greek Historical Inscriptions II*(Oxford: Clarendon Press, 1948), no. 204; Peter Siewert, "The Ephebic Oath in Fifth-Century

Athens," *JHS*, 97 (1977), pp. 102–111.

16 https://www.getty.edu/art/collection/object/103WH8

17 Mylonas, *Eleusis and the Eleusinian Mysteries*, pp. 20–22.

18 Joseph Day, *The Glory of Athens: The Popular Tradition as Reflected in the Panathenaicus of Aelius Aristides*(Chicago: Ares Publishers INC., 1980), p. 20.

19 https://en.m.wikipedia.org/wiki/File:Medeia_in_Corinth_by_the_ underworld_painter_red_figure_apulian_volute_krater_detail_medea_kills_ child_on_altar.jpg

20 https://en.wikipedia.org/wiki/Regina_Vasorum

21 최혜영, 「헤카테 여신의 '오리엔트적' 기원」, 『서양고대사연구』, 16 (2005), 81–85쪽.

22 Clinton, *Myth and Cult: The Iconography of the Eleusinian Mysteries*, p. 139; Evelyn Harrison, "Eumolpos Arrives in Eleusis," *Hesperia*, 69:3 (2000), p. 277.

참고문헌

▶ 문헌 사료

Aelius Aristides, *Orationes*.

Andokides, *On the Mysteries*.

Ailianos, Fragment.

Apollodoros, Fragment.

Apollodoros, *Library*.

Athenaeus, *The Deipnosophists*.

Aristophanes, *The Frogs*.

Aristophanes, *Achamiens*.

Aristoteles, *Athenaion Politeia*.

Bacchylides, Fragment.

Callimachus, Fragment.

Clement of Alexandria, *Exhortation to the Greeks*.

Diodoros, *Bibliotheca Historica*.

Euripides, *Heracles*.

Euripides, *Ion*.

Euripides, *Helen*.

Herodotos, *Histories*.

Hippolytus, *The Refutation of All Heresies*.

Himerios, *Ortatio*.

Homer, *Iliad*.

Homer, *Odyssey*.

Hesiodos, *Theogony*.

Hyginus, *Astronomica*.

Lactantius, *Divinae Institutiones*.

Pausanias, *Description of Greece*.

Panyassis, *Heraclea*.

Philostratos, *Vita Apollonii*.

Plato, *Phaedrus*.

Plutarch, *Parallel Lives*.

Plutarch, *Moralia*.

Pseudo-Apollodoros, *Bibliotheca*.

Sopatros, *Rhetores Graeci*.

Strabo, *Geography*.

Tertullianus, *To the Nations*.

Thucydides, *Histories*.

Vitruvius, *The Ten Books on Architecture*.

Xenophon, *Hellenica*.

Hippocratic Corpus.

Homeric Hymn to Demeter.

▶ 비문 사료

I.G., I², 76

I.G., I², 78.

I.G., I², 81.

I.G., II², 848.

I.G., II², 974.

I.G., II², 1078.

I.G., II², 1367.

I.G., II², 4960, face fr. a & b.

Ἐφ. Ἀρχ. 1895, σ. 111, 27, 1. 21.

C. I. A., IV. 2. 385d.

Folk Songs Fragment, 862.

Greek Lyric Scolia Fragment.

Aesop Fables, 130.

FGrH., 328F, 104.

■ 단행본

로베르 플라실리에르 (2004).『고대 그리스의 일상생활』. 심현정 옮김, 우물이 있는 집.

월리어 포레스트 (2001).『그리스 민주정의 탄생과 발전』. 김봉철 옮김, 한울.

존 그리피스 페들리 (2004).『그리스 미술』. 조은정 옮김, 예경.

토머스 마틴 (2003).『고대 그리스의 역사』. 이종인 옮김, 가람 기획.

ˋ Antony, A. (1956). *The Greek Tyrants*, London.

August, M. (1898). *Die Feste Der Stadt Athen im altertum: geordnet nach Attischem kalender*, Leipzig.

August, M. (1898). *Heortologie; antiquarische Untersuchungen über die städtischen Feste der Athener*, Leipzig,.

Christiane, S. (2011). *Athenian Myths and Festivals: Aglauros, Erechtheus, Plynteria, Panathenaia, Dionysia*, Oxford.

Clifford, M. (2003). *Religious Thought of the Greeks*, Montana.

Dēmētrios, P. (1965). *Eleusis: her mysteries, ruins, and museum*, London.

Evelyn, H. (1927). *Agora XI: Archaic and Archaistic Sculpture*, Princeton.

Ferdinand, N., Johannes K., Alfred K. & Anastasios O. (1927). *Eleusis: die baugeschichtliche Entwicklung des Heiligtumes*, Berlin.

George, M. (1972). *Eleusis and the Eleusinian Mysteries*, Princeton.

Giulia, G. (1986). *Misteri e Culti Mistici di Demetra*, Rome.

Gordon, W., Albert, H. & Carla, R. (2008). *The Road to Eleusis: Unveiling the Secret of the Mysteries*, California.

Harold, W. (2005). *The Greater Mysteries at Eleusis*, Montana.

Henk, V. (1981). *Faith, Hope, and Worship-Aspects of Religious Mentality in The Ancient World*, Leiden.

Herbert, P. (1986). *Festivals of The Athenians: Aspects of Greek and Roman Life*, London.

Homer, T. & Richard, W. (1972). *Athenian Agora XIV: The Agora of Athens: The History, Shape and Uses of an Ancient City Center*, Princeton.

엘레우시스 미스테리아_고대 그리스 비밀 종교의식

Hugh, B. (2010). *Mystery Cults of the Ancient World*, Princeton.

Jack, C. (1955). *The Greek Origin of Freemasonry*, New York.

Jacquetta, H. (1968). *Dawn of the Gods: Minoan and Mycenaean Origins of Greece*, London.

Jan, B. (1994). *Greek Religion, Classical Association*, Oxford.

Johannes, T. (1889). *Attische Genealogie*, Berlin.

John, B. (1985). *Athenian Black Figure Vases*, London.

John, B., Jasper, G., & Oswyn, M. (1986). *The Oxford History of the Classical World*, Oxford.

John, B., Jasper, G., & Oswyn, M. (2001). *Greece and The Hellenistic World*, Oxford.

John, C. (1990). *The Athenian Agora: A Guide to the Excavation and Museum*, Princeton.

John, T. (1971). *Pictorial dictionary of Ancient Athens*, London.

John, T. (1975). *The political organization of Attica: a study of the demes, trittyes, and phylai, and their representation in the Athenian Council*, Princeton.

Jon, M. (2010). *Ancient Greek Religion*, Oxford.

Joseph, D. (1980). *The Glory of Athens: The Popular Tradition as Reflected in the Panathenaicus of Aelius Aristides*, Chicago.

Kalliope, P. (2003). *Eleusis*, Athens.

Karl, K. (1951). *The Gods of the Greeks*, London.

Karl, K. tran. by Ralph M. (1991). *Eleusis: Archetypal Image of Mother and Daughter*, Princeten.

Kevin, C. (1974). *The Sacred Officials of the Eleusinian Mysteries*, Philadelphia.

Kevin, C. (1992). *Myth and Cult: The Iconography of the Eleusinian Mysteries*, Stockholm.

Kōnstantinos, K. (1936). *Eleusis: a guide to the excavations and the museum*, Athens.

Kōnstantinos, K. (1937). *Eleusiniaka I*, Athens.

Leda, C. (2006). *The Intra Muros Road System of Ancient Athens*, Toronto.

Ludwig, D. (1932). *Attische Feste*, Berlin.

Marcus, T. (1948). *A Selection of Greek Historical Inscriptions II*, Oxford.

Margaret, M. (1998). *Athenian Agora XXXI: The City Eleusinion*, Princeton.

Martin, N. (1940). *Greek Popular Religion*, New York.

Martin, N. (1950). *The Minoan-Mycenaean religion and its survival in Greek religion*, New York.

Martin, N. (1955-1968). *Geschichte der griechischen Relision*, Munich.

Marvin, M. (1999). *The Ancient Mysteries: a Sourcebook: Sacred Texts of the Mystery Religions of the Ancient Mediterranean World*, Philadelphia.

Michael, C. (2003). *Greek Mysteries: The archaeology and Ritual of Ancient Greek Secret Cults*, London.

Noel, R. (1992). *Festivals and Legends: The Formation of Greek Cities in the Light of Public Ritual*, Toronto.

Patricia, E. & John, M. (1985). *Greek Religion and Society*, Cambridge.

Paul, F. (1895). *Recherches sur l'Origine et la Nature des Mystères d'Éleusis*, Paris.

Paul, F. (1914). *Les Mysteres d'Eleusis*, Paris.

Richard, J., Walter, H., & Alfred, P. (1917). *The Fragments of Sophocles II*, Cambridge.

Robert, P. (2007). *Polytheism and Society at Athens*, Oxford.

Ronald, W. (1980). *Cretan Cults and Festivals*, Westport.

Simon, P. (1999). *Religions of The Ancient Greek*, Cambridge.

Sterling, D. & Robert, H. (1965). *A Sacred Calendar of Eleusis*, Cambridge.

Thomas, T. (1980). *Eleusinian and Bacchic Mysteries*, San Diego.

Ugo, B. (1976). *The Greek Mysteries*, Leiden.

Walter, B. (1985). *Greek Religion*, Cambridge.

Walter, B. tran. by Bing, P. (1983). *Homo Necans: The Anthropology of Ancient Greek Sacrificial Ritual and Myth*, California.

William, D. (1950). *The Architecture of Ancient Greece*, New York.

▶ 논문

이형의 (1997). 「古典期 아테네에서 엘레우시스 秘敎의 영향력에 대한 고찰 : 알키비아데스의 사건을 중심으로」, 『서양고대사연구』, 5.

오흥식 (2009). 「고대 그리스의 헤라클레스 영웅숭배」, 『서양고대사연구』, 24.

장영란 (2013). 「그리스 종교 축제의 원형적 특성과 탁월성 훈련」, 『철학논총』, 73.

최혜영 (2004). 「엘레우시스 미스테리아: 데메테르 · 이시스 · 이난나의 비교」, 『서양사론』, 83.

최혜영 (2005). 「헤카테 여신의 '오리엔트적' 기원」, 『서양고대사연구』, 16.

최혜영 (2011). 「에우리피데스의 헬레네와 아테네의 시칠리아 원정(B.C. 415~413)」, 『서양사론』, 110.

Alderink, L. (1982). "Mythical and Cosmological Structure in the Homeric Hymn to Demeter," *Numen*, 29:1.

Boardman, J. (1972). "Herakles, Peisistratos and sons," Revue Archeologique, Nouvelle Série, Fasc. 1, Études de céramique et de peinture antiques offertes à Pierre Devambez, 1.

Boardman, J. (1975). "Herakles, Peisistratos and Eleusis," *The Journal of Hellenic Studies*, 95.

Dugas, C. (1950). "La mission de Triptolème, d'après l'imagerie athénienne," *Année*, 62:62.

Evans, N. (2002). "Sanctuaries, Sacrifices, and the Eleusinian Mysteries," *Numen*, 49:3.

Fairbanks, A. (1900). "On the Festival Epidauria at Athens," *The Classical Review*, 14:8.

Greene, W. (1946). "The Return of Persephone," *Classical Philology*, 41:2.

Harrison, E. (2000). "Eumolpos Arrives in Eleusis," *Hesperia*, 69:3.

Palinkas, J. (2008). "Eleusinian Gateways: Entrances to the Sanctuary of Demeter and Kore at Eleusis and the City Eleusinion in Athens," Ph. D. Diss., Faculty of the Graduate School of Emory University.

Philios, D. (1886). "Ἐλευσινιακὰ ἀνάγλυφα καὶ κεφαλὴ ἐξ Ἐλευσῖνος," Ephem.

Picard, Ch. (1927). "Sur la patrie et les peregrinations de Demter," *REG*, 40.

Raubitschek, I. & Raubitschek, A. (1982). "The Mission of Triptolemos," *Hesperia*, Supplements, 20.

Robertson, N. (1998). "The Two Processions to Eleusis and the Program of the Mysteries," *The American Journal of Philology*, 119:4.

Rubensohn, O. (1955). "Das Weihehaus von Eleusis und sein Allerheiligstes," *Jahrbuch*, 70.

Siewert, P. (1977). "The Ephebic Oath in Fifth-Century Athens," *JHS*, 97.

Simms, R. (1975). "The Eleusinia in the Sixth to Fourth Centuries B.C.," *GRBS*, 16.

Travlos, J. (1949). "The Topography of Eleusis," *Hesperia*, 18:1.

Travlos, J. (1951). "To Anaktoron tas Eleusinos," Ephem.

Walton, F. (1952). "Athens, Eleusis, and The Homeric Hymn to Demeter," *The Harvard Theological Review*, 45:2.

엘레우시스 미스테리아

고대 그리스 비밀 종교의식

초판 발행 2024년 7월 5일

지 은 이 김효진
펴 낸 이 김성배
펴 낸 곳 도서출판 씨아이알

책임편집 신은미
디 자 인 윤현경 엄해정
제작책임 김문갑

등록번호 제2-3285호
등 록 일 2001년 3월 19일
주   소 (04626) 서울특별시 중구 필동로 8길 43(예장동 1-151)
전화번호 02-2275-8603(대표)
팩스번호 02-2265-9394
홈페이지 www.circom.co.kr

I S B N 979-11-6856-236-3 93920